小公司财税管控一本通

包红霏　李南芳　李舒窈 ──── 著

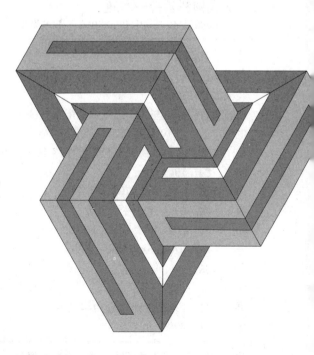

民主与建设出版社

·北京·

图书在版编目（CIP）数据

小公司财税管控一本通 / 包红霏 , 李南芳 , 李舒窈
著 . -- 北京 : 民主与建设出版社 , 2024.5
ISBN 978-7-5139-4613-1

Ⅰ . ①小… Ⅱ . ①包… ②李… ③李… Ⅲ . ①中小企
业—财务管理—中国②中小企业—税收管理—中国 Ⅳ .
① F279.243 ② F812.423

中国国家版本馆 CIP 数据核字（2024）第 095812 号

小公司财税管控一本通
XIAO GONGSI CAISHUI GUANKONG YIBENTONG

著　　者	包红霏 李南芳 李舒窈
责任编辑	唐　睿
装帧设计	尧丽设计
出版发行	民主与建设出版社有限责任公司
电　　话	（010）59417747　59419778
社　　址	北京市海淀区西三环中路 10 号望海楼 E 座 7 层
邮　　编	100142
印　　刷	天宇万达印刷有限公司
版　　次	2024 年 5 月第 1 版
印　　次	2024 年 5 月第 1 次印刷
开　　本	670mm×950mm　1/16
印　　张	12
字　　数	135 千字
书　　号	ISBN 978-7-5139-4613-1
定　　价	49.80 元

注：如有印、装质量问题，请与出版社联系。

　　投资人办企业、从事生产和经营活动，目的是通过运用资金获取收益，企业一旦开始正常运转，就要依法纳税，所以，任何企业都离不开"财务"和"税务"这两方面的工作。在财税改革的时代背景下，为了助力小公司发展，国家相继出台了一系列相关政策。而小公司要想合理、有效地享受这些政策，必须提升自身的财税管控水平。

　　小公司的财税从业者或管理者、投资人该如何看待和了解公司的财税工作，并对其进行有效的管控呢？

　　首先，要掌握财税管控的基本概念和方法；其次，要学会运用这些概念和方法，服务于公司的管理。如果小公司的财税从业者或管理者、投资人能更多地了解一些财税的基本知识，掌握财税管控的一些基本技能，就能更好地实现小公司利润最大化或企业价值最大化这一目标。

　　本书旨在深入探讨小公司财税管控关键领域的概念和方法，共分为八章。第一章主要厘清基本概念。第二章、第三章为入门基础部分，着重于财务报表的各项内容和纳税实务的基础知识，帮助读者理解基本的财务分析方法，学会从财务报表的分析过程中看懂小公司经营的逻辑，还可以使读者了解纳税实务的基本程序，并学会在政策框架下合理降低税务支出。第四章到第八章侧重于讲解小公司设立和经营这两个环节的财务和税务管控的相关知识，介绍在小公司设立时应考虑的财税因素，以及小公司在经营时涉及的利润、投融资、资金运用、预算等常规业务的财税管控知识。全书贯穿举例和解决方案，以帮助读者更好地理解和运用财税知识。

本书主要有以下主要特点。

1. 逻辑清晰，重点突出。前三章作为基础知识介绍部分，为读者后续学习"财务"和"税务"的其他相关知识做了铺垫。之后，针对小公司设立和经营这两个阶段，重点讲解相关知识，设计了从"目标利润"出发的、符合小公司财税管控目标的知识框架，然后从资金来源、资金运用和预算管理三方面分别论述，按照如何实现这一目标的思路来构造本书后续结构。

2. 理论和实际相得益彰。本书以小公司在实际工作中常遇到的财务和税务问题为出发点，通过大量举例，进行深入浅出的讲解，并将各章节的有关概念前后联系起来，既能帮助读者系统地理解本书的内容，又能使有关概念与实际操作相结合，本书主要以一家小公司的案例贯穿大部分章节，清晰地展示了小公司财税管控的基本方法、程序及其应用的全貌。

本书由沈阳建筑大学包红霏教授提出框架设计并最后统撰定稿，由包红霏、李南芳、李舒窈撰写。此外，张楠、张洛娃、郭美晨、李明智、杨成竹为本书做了搜集资料、核对等工作。

目录
CONTENTS

第一章　小公司为什么需要财税管控知识

第一节　厘清几个基本概念 // 002

　　一　财税的含义 // 002

　　二　小公司是指哪部分企业群体 // 002

第二节　了解外部宏观环境 // 006

　　一　政策环境 // 006

　　二　经济环境 // 011

　　三　技术环境 // 012

第三节　掌握财税管控知识的好处 // 014

　　一　小公司财税管控目标 // 014

　　二　用财务报表信息管理企业 // 015

　　三　了解纳税实务，合理筹划实现节税 // 016

第二章　看懂财务报表，用数据管理企业

第一节　财务报表记录了哪些企业商业信息 // 020

　　一　财务报表的内容 // 020

二 资产负债表 // 021

三 利润表 // 025

四 现金流量表 // 028

五 附注 // 029

第二节 财务比率分析方法的应用 // 031

一 什么是财务比率分析法 // 031

二 常用的财务比率分析指标 // 031

三 应用财务比率分析的作用 // 034

第三节 如何通过财务报表看经营情况 // 036

一 企业盈利能力分析 // 036

二 企业营运能力分析 // 042

三 企业偿债能力分析 // 045

 第三章　了解纳税实务，合理筹划实现节税

第一节 认识主要税种：增值税、所得税 // 050

一 增值税 // 050

二 企业所得税 // 055

三 个人所得税 // 057

第二节 熟悉纳税申报流程：减少稽查风险 // 058

一 税款征收方式 // 058

二 增值税申报流程 // 060

三 企业所得税申报流程 // 062

第三节　实施纳税筹划：合理降低税务支出 // 063

　　一　增值税纳税筹划 // 063

　　二　企业所得税纳税筹划 // 068

 小公司设立时需要考虑的财税管控事项

第一节　充分考虑节税因素 // 074

　　一　纳税人身份 // 074

　　二　税款缴纳方式 // 076

　　三　行业和地区 // 079

第二节　财税管控视角下的股权架构设计 // 081

　　一　设计企业的股权架构 // 081

　　二　通过股权架构进行税务筹划 // 088

第三节　财税管控视角下的财会机构搭建 // 094

　　一　搭建一个高效的财会机构 // 094

　　二　财会机构在财税管控中的作用 // 096

 小公司经营时如何做好利润管理

第一节　如何达到盈亏平衡 // 102

　　一　要学会使用本量利分析原理 // 102

　　二　要确定盈亏临界点 // 103

　　三　利用盈亏临界图进行分析 // 105

第二节　基于本量利分析的利润管理 // 106

一　如何测算目标利润 // 106

二　实现目标利润所需的条件 // 106

三　敏感性分析 // 109

第三节　基于目标利润的成本控制方法 // 111

一　企业应用成本管理工具方法的一般程序 // 111

二　成本控制的基础工作 // 111

三　目标成本法的含义和应用环境 // 112

四　目标成本法在小公司的应用 // 113

第六章　小公司经营时如何做好投融资管理

第一节　投融资管理的内容和思路 // 120

一　投融资管理的内容 // 120

二　做好投融资管理的思路 // 121

第二节　如何做好融资决策 // 123

一　资金成本的含义和作用 // 123

二　个别资金成本的计算 // 124

三　资本结构的含义 // 124

四　成本最小化理论下如何选择合适的资本结构 // 124

五　小公司融资风险管控策略 // 126

第三节　如何做好投资决策 // 127

一　投资决策应考虑的主要因素 // 127

二　不考虑风险的投资决策方法 // 130

三　如何做好投资风险决策 // 131

 第七章　小公司经营时如何做好营运资金管理

第一节　什么是营运资金 // 138

一　营运资金的概念 // 138

二　营运资金管理的内容 // 138

第二节　现金管理 // 140

一　持有现金的动机 // 140

二　持有现金的成本 // 141

三　现金管理的内容 // 142

四　现金管理效率评价 // 145

第三节　应收账款管理 // 147

一　应收账款的功能 // 147

二　持有应收账款的成本 // 147

三　制定应收账款管理政策 // 148

四　应收账款管理效率评价 // 153

第四节　存货管理 // 154

一　存货的功能 // 154

二　存货的成本 // 155

三　存货的管理方法 // 156

四　存货管理效率评价 // 158

第八章　小公司经营时如何做好预算管理

第一节　什么是预算管理和全面预算管理 // 160

　　一　预算管理的逻辑流程 // 160

　　二　全面预算的范围 // 162

　　三　小公司实施全面财务预算管理的策略 // 163

第二节　预算编制方法 // 166

　　一　预算编制方法分类 // 166

　　二　固定预算 // 167

　　三　弹性预算 // 168

　　四　零基预算 // 170

　　五　滚动预算 // 172

第三节　具体预算的编制 // 174

　　一　编制经营预算 // 174

　　二　编制专门决策预算 // 178

　　三　编制财务预算 // 180

第一章

小公司为什么需要财税管控知识

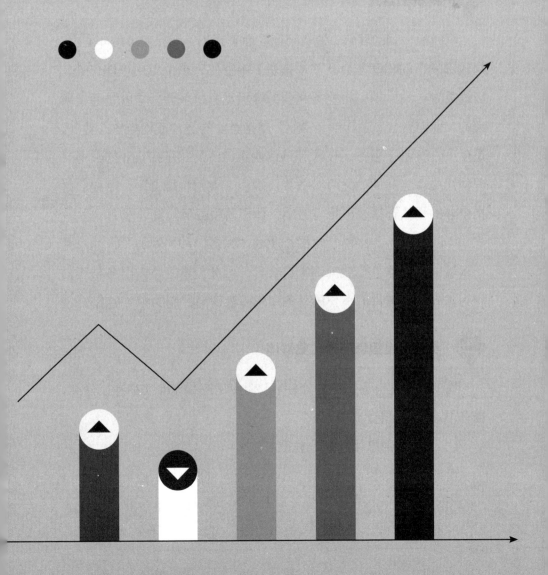

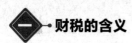 第一节 厘清几个基本概念

一 财税的含义

对财税一词的理解，先从制度层面来看相关解释。2016年6月，财政部发布的《管理会计基本指引》中提出，单位应用管理会计，应遵循融合性原则，将财务和业务等活动有机融合，这就是通常所说的"业财融合"。其中，"业"是指企业的运营流程与核心业务，是生产、贸易、服务、技术等具体业态；"财"是指企业的财务，理财思维首当其冲。之后实务界又提出"业财税融合"，"税"是指企业的税款计算、申报与缴纳，体现着税务风险管理能力。

可以理解为，财税主要指企业的"财务"和"税务"，而这两个领域的基础信息和数据都来自会计。因此，本书将以财务报表信息为基础，详细讨论小公司财务和税务管理与控制的相关内容。

二 小公司是指哪部分企业群体

我国对企业有不同的划分标准。即使是按照规模大小进行分类，也有不同的划分标准和口径。

1. 工业和信息化部划分标准

我们经常在生活中听到"中小企业"的提法，这个概念源自2002年颁布、2017年修订的《中华人民共和国中小企业促进法》

对中小企业的定义，中小企业是指"在中华人民共和国境内依法设立的，人员规模、经营规模相对较小的企业，包括中型企业、小型企业和微型企业。"2011年，国务院负责中小企业促进工作综合管理的部门——工业和信息化部（以下简称工信部）会同国家统计局、发展改革委、财政部研究制定了《中小企业划型标准规定》（工信部联企业〔2011〕300号），根据企业从业人员、营业收入、资产总额等指标，并结合行业特点，制定了中型企业、小型企业、微型企业的具体划分标准，该标准适用于各类满足社会需要，增加就业，符合国家产业政策，生产经营规模属于中小型的各种所有制和各种形式的企业，包括符合条件的法人企业以及个体工商户、个人独资企业和合伙企业。

工信部的划型标准适用范围很广，统计局和财政部的相关企业划分都以此为依据：

2017年，国家统计局根据工信部联企业〔2011〕300号文件，以《国民经济行业分类》（GB/T4754—2017）为基础，结合统计工作的实际情况进行了相应调整，发布了《关于印发〈统计上大中小微型企业划分办法（2017）〉的通知》。

财政部于2011年发布了《小企业会计准则》（财会〔2011〕17号，2013年1月1日起施行），《小企业会计准则》适用于在我国境内依法设立的、符合《中小企业划型标准规定》所规定的小型企业标准的企业（微型企业参照执行）。同时规定以下三类小企业除外：（一）股票或债券在市场上公开交易的小企业；（二）金融机构或其他具有金融性质的小企业；（三）企业集团内的母公司和子公司。

符合工信部划型标准的小型企业与微型企业合称为"小型微型

企业"。

2. 税法的划分标准

因为本书将会讨论小公司适用的税收优惠政策，所以需要关注税法中有关小企业的概念。

税法口径中有"小型微利企业"的提法。这是根据 2007 年公布、2019 年修订的《中华人民共和国企业所得税法实施条例》（以下简称《企业所得税法实施条例》）规定，小型微利企业是指从事国家非限制和禁止行业，除满足从业人数、资产总额的限定外，年度应纳税所得额不超过 30 万元的企业。小型微利企业是基于企业所得税优惠设定的概念。个人独资企业、合伙企业不适用《中华人民共和国企业所得税法》（以下简称《企业所得税法》）。

增值税口径中有"小微企业"的提法，是指月销售额不超过 3 万元（季度销售总额不超过 9 万元）的小规模纳税人。小微企业是基于增值税优惠设定的概念，以销售额作为划分标准。

3. 本书所说的小公司范围

先来看看小型微型企业、小型微利企业、小微企业三者之间关系的实例。

甲企业 2022 年末资产总额 100 万元，当年销售额共 24 万元（月销售额均为 2 万元），年度应纳税所得额为 10 万元，从业人数 20 人。那么该企业按照增值税现行的优惠政策属于小微企业，按照企业所得税现行的优惠政策属于小型微利企业，按照企业划型标准属于小型微型企业。

综合以上的划分标准，本书所说的小公司的范围以《小企业会计准则》中的规定为准，同时从以下四个方面来理解。

（1）符合《中小企业划型标准规定》所规定的小型微型企业标准的企业，不同行业，其标准有所不同。

（2）不承担社会公众责任。小公司所需提供的会计信息，只需满足工商、税务、银行等行政部门的检查需要，而不用满足股东、债权人等利益相关者的需求。

（3）非集团公司。即既不是集团内的母公司，也非集团内的子公司。如否，则适用《企业会计准则》，以和集团内其他公司的会计政策保持一致。

（4）符合中小企业划分标准的个体工商户，在本书中视同小公司。该视同处理是借鉴财政部、工信部2020年12月发布的《关于印发〈政府采购促进中小企业发展管理办法〉的通知》（财库〔2020〕46号）第二条的规定。

本书以小公司为对象，阐述小公司如何进行财税管控，利用财务手段节税，实现控制成本、提高利润的目的。

了解外部宏观环境

企业在市场中运营，会受到许多宏观因素的影响，例如经济状况、国家的经济政策、行业相关政策等。小公司也需密切关注相关的法律法规、优惠与扶持政策等，以确保公司在财务和税务方面的合规性，并及时获得相关的支持与优惠。

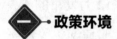

政策环境包括监管体制和政策法规。

小公司的财税方面受到政府相关主管部门的监督和管理，尤其是财政部门、税务机关、银行机构等。财政部门监督小公司的会计信息质量，同时也监督小公司是否按照会计法律法规的规定来操作，以确保会计信息是合法、合规、真实的。而税务部门的工作则是核实小公司的纳税是否真实和完整，以确保税收征收的公平性和准确性。商业银行承担小公司账户合规、合法的主体责任，而商业银行的主管部门是中国人民银行（即央行），中国人民银行对商业银行实施监督管理。总体来看，对于小公司，目前形成了会计监管、税务监管、银行监管三位一体的财税监管体系。

小公司进行财税管控时需要遵守国家的相关法律、行政法规、部门规章（或地方性法规）、规范性文件。法律层面如《中华人民共和国公司法》（以下简称《公司法》）、《中华人民共和国会计法》（以下简称《会计法》）、《企业所得税法》等。这些法律法规规定了包括小公司在内的一般企业在财务和税务方面的义务和相关要求，包括企业组织形式、税款申报与缴纳、会计行为规范等。

我国的《公司法》主要界定公司设立、变更与退出、公司治理以及公司财务等领域的制度要求。我国的公司类型分为股份有限公司（通常称为"股份公司"）和有限责任公司（通常称为"有限公司"）。国家市场监督管理总局的数据显示，有限公司的数量远大于股份公司的数量，股份公司绝大多数是中小型股份公司，绝大多数股份公司股东人数在 3 人以下。在我国，中小公司在公司数量中占绝大多数，大多数中小公司的投资者通过集中持股或担任主要管理者来控制公司的经营管理，因此，《公司法》是促进中小公司发展的重要政策工具。

我国的《会计法》是制定其他各项会计法律、规章制度时起基础性和统领性作用的法律，使各单位的会计工作在法律允许的范围内开展。在此基础上，会计工作要遵循财政部的规章，其中最主要的是《企业会计准则》，该准则规定了企业的财务报告编制和披露要求。此外，于 2013 年 1 月 1 日起在小企业范围内施行的《小企业会计准则》，包括了如何确认、计量和报告财务信息等方面的规定，让小公司在会计方面的做法更规范。

税法包括一系列法律法规，包括由全国人民代表大会及其常务委员会、国务院、财政部、税务总局，以及相关部门颁布的税收法律、法规、条例、实施细则、征收办法等。小公司需要根据国家的税收政策进行纳税申报和缴税。税收政策包括税率、税收优惠政策、减免政策等，对公司的税务筹划和纳税义务至关重要。国家发布了一系列针对中小微企业的减税政策，其中围绕制造业、小微企业、小规模纳税人以及创新创业活动等多个行业与领域，为符合标准的中小微企业提供资金扶持、政策性补贴、政策性贷款、国债项目、奖金、融资等。

近年来，央行和政府部门采取了很多措施来支持普惠金融，比如，央行对普惠金融实施全面定向降准。此外，银保监会（2023年5月更名为国家金融监督管理总局）等监管机构也多次发布指导，鼓励银行帮助小微企业。2023年8月18日，财政部、税务总局发布《支持小微企业和个体工商户发展税费优惠政策指引（1.0）》（以下简称《指引》）。《指引》共包含十四项相关税费优惠政策，从优惠内容、享受条件、政策案例等方面梳理，对企业所得税减免、个人所得税减半征收等政策提供具体指引。2023年12月，财政部、税务总局联合发布《支持小微企业和个体工商户发展税费优惠政策指引（2.0）》，对现有的50项有效税费优惠政策进行梳理，形成税费优惠政策指引，帮助纳税人、缴费人及时享受政策红利。

近年来，国家有关部门发布了一系列针对小公司的财税、金融等优惠政策，比如，2023年8月，财政部发布《关于加强财税支持政策落实 促进中小企业高质量发展的通知》，要求全面落实对小微企业的税费优惠政策，不得以任何理由削弱政策力度。本书梳理近年来的具体政策见表1-1和表1-2。

表1-1　近年来国家有关部门发布的针对小公司的税收优惠政策

政策依据	部分有关政策内容	享受主体
1.《关于明确增值税小规模纳税人减免增值税等政策的公告》（财政部　税务总局公告2023年第1号） 2.《国家税务总局关于增值税小规模纳税人减免增值税等政策有关征管事项的公告》（国家税务总局公告2023年第1号） 3.《关于增值税小规模纳税人减免增值税政策的公告》（财政部　税务总局公告2023年第19号）	月销售额10万元以下免征增值税政策	增值税小规模纳税人
1.《关于明确增值税小规模纳税人减免增值税等政策的公告》（财政部　税务总局公告2023年第1号） 2.《国家税务总局关于增值税小规模纳税人减免增值税等政策有关征管事项的公告》（国家税务总局公告2023年第1号） 3.《关于增值税小规模纳税人减免增值税政策的公告》（财政部　税务总局公告2023年第19号）	适用3%征收率的应税销售收入减按1%征收增值税政策	增值税小规模纳税人
《关于进一步支持小微企业和个体工商户发展有关税费政策的公告》（财政部　税务总局公告2023年第12号）	减半征收"六税两费"政策	增值税小规模纳税人、小型微利企业和个体工商户
1.《关于进一步实施小微企业所得税优惠政策的公告》（财政部　税务总局公告2022年第13号） 2.《关于小微企业和个体工商户所得税优惠政策的公告》（财政部　税务总局公告2023年第6号） 3.《关于落实小型微利企业所得税优惠政策征管问题的公告》（国家税务总局公告2023年第6号）	减免企业所得税政策	小型微利企业、个体工商户

续表

政策依据	部分有关政策内容	享受主体
《关于延续实施制造业中小微企业延缓缴纳部分税费有关事项的公告》（国家税务总局　财政部公告 2022 年第 2 号）		符合条件的制造业中小微企业（含个人独资企业、合伙企业、个体工商户）
《关于进一步提高科技型中小企业研发费用税前加计扣除比例的公告》（财政部　税务总局　科技部公告 2022 年第 16 号）		科技型中小企业
1.《关于进一步加大增值税期末留抵退税政策实施力度的公告》（财政部　税务总局公告 2022 年第 14 号） 2.《关于进一步加快增值税期末留抵退税政策实施进度的公告》（财政部　税务总局公告 2022 年第 17 号） 3.《关于进一步持续加快增值税期末留抵退税政策实施进度的公告》（财政部　税务总局公告 2022 年第 19 号） 4.《关于扩大全额退还增值税留抵税额政策行业范围的公告》（财政部　税务总局公告 2022 年第 21 号）		符合条件的小微企业（含个体工商户），制造业，科学研究和技术服务业，电力、热力、燃气及水生产和供应业，软件和信息技术服务业，生态保护和环境治理业，交通运输、仓储和邮政业等行业企业（含个体工商户），以及批发和零售业，农、林、牧、渔业，住宿和餐饮业，居民服务、修理和其他服务业，教育行业，卫生和社会工作行业，文化、体育和娱乐业企业（含个体工商户）

表1-2　近年来国家有关部门发布的针对小公司的普惠金融政策

政策依据	享受主体
《中国银保监会关于进一步加强金融服务民营企业有关工作的通知》（银保监发〔2019〕8 号）	民营企业

政策依据	享受主体
《关于延续实施普惠金融有关税收优惠政策的公告》（财政部　国家税务总局公告2020年第22号）	小微企业、个体工商户和农户
《中国银保监会关于银行业保险业支持高水平科技自立自强的指导意见》（银保监发〔2021〕46号）	中小微企业
《中国人民银行关于深入开展中小微企业金融服务能力提升工程的通知》（银发〔2021〕176号）	中小微企业（含个体工商户）
《中国银保监会办公厅关于2022年进一步强化金融支持小微企业发展工作的通知》（银保监办发〔2022〕37号）	小微企业

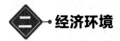 **经济环境**

　　小公司的财税管控同样受宏观经济环境的影响，经济环境变化则可能对小公司的财务状况和税务负担产生影响，所以，小公司需要及时调整财务管理策略。

　　1. 所处行业周期的阶段

　　每个行业都会从导入期开始，依次经历成长期、成熟期和衰退期。不像大型企业通过多元化投资可以获取较多资源支持，小公司由于资金、管理经验等比较有限，培育新市场或者扩大规模发展时往往受限。并且，在不同的行业周期，小公司面临的经济环境是不同的，筹资、投资等财务管理工作决策也不一样。例如：在行业的成长期，行业发展比较快速，小公司可获得因行业成长带来的销售增长，另外，快速成长的行业往往较容易筹集到资金，小公司可以做出扩大规模的决策。

2. 营商环境的便利

为贯彻党中央、国务院深化"放管服"改革、优化营商环境的决策部署,中国人民银行采取了一系列措施,其中包括 2019 年 7 月 22 日起,全面取消了企业银行账户的核准制度,改为备案制度。此外,还包括降低企业融资成本、推动降低存款准备金率等,以鼓励银行更多地支持小微企业和实体经济。

3. 资本市场的支持

为了填补资本市场在支持中小微企业方面的不足,支持中小企业创新发展,北京证券交易所(简称北交所)于 2021 年 9 月 3 日注册成立,其成立有"三个目标":一是建立一整套符合创新型中小企业需求的基础制度;二是要使得中小企业能够在不同层次的资本市场上互相补充、促进成长;三是要积极培育一批杰出的专精特新中小企业,以推动创新和经济发展。这一系列目标旨在促进中小企业融资和成长,为其提供更多机会和支持。

也应该关注到,近年来,环境保护和社会责任成为财税管控的重要内容。政府推行一些环保政策和社会责任要求,鼓励企业履行环境保护义务和社会责任,小公司要关注相关的环保和社会责任要求,并合规开展相关活动。

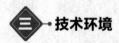 技术环境

1. 金税工程的发展

金税工程是以计算机网络为依托,实现税务机关互联互通,相关部门信息共享,覆盖税收各税种、各管理环节的信息管理系统工

程。金税一期，建成了增值税防伪税控系统，初步尝试计算机管税；金税二期，实现了发票数据的自动采集，从经验管税过渡到以票控税，同时把海关增值税完税凭证纳入金税工程进行管理；金税三期，实现了网络硬件和基础软件的统一平台，进一步强化发票监管。2024年，金税四期主系统将深入应用，将在全国范围内基本实现发票全领域、全环节、全要素电子化（简称全电发票）。可以预见，伴随着金税四期的应用，税务执法、服务、监督等将与大数据智能化应用深度融合、高效联动。

2. 数据化管理的发展

随着大数据技术的兴起，小公司越来越重视数据化管理。例如，随着移动支付、云计算、区块链等技术的应用，使小公司能够通过数据分析和预测，更好地了解市场趋势、客户需求，从而做出更明智的财务决策。同时，数据化管理也提高了财务报表的准确性和实时性。

综上所述，小公司需要密切关注环境的变化，积极应对并提升财税管控能力，以保持竞争力和可持续发展。

掌握财税管控知识的好处

 小公司财税管控目标

一般的企业财务管理目标主要有利润最大化、股东财富最大化、企业价值最大化和利益相关者利益最大化等多种观点。但对于小公司的投资人而言，在日常财税管控中，短期目标关注的是利润最大化，在重大经营决策中关注的是企业价值最大化。

利润最大化，意味着小公司通过优化经营决策、资源配置等手段进行有效的经营和财税管理，在一定时期内获得最大的利润。例如，一家餐馆为了实现利润最大化，可能会采取各种措施，如控制原材料成本、提高菜品售价、利用小微企业税收优惠政策等，从而达到利润最大化的目标。当然，小公司在追求利润最大化时要受到法律法规制约，必须受到一定社会责任的约束。

企业价值最大化，是指通过小公司合理经营和财税管理，充分考虑资金的时间价值以及风险与报酬的关系，在保证小公司长期稳定发展的基础上，使企业整体价值达到最大。企业价值最大化是小公司在进行重大经营决策时常常考虑要达到的财税目标。例如新项目、新产品的投产等，需要考虑小公司的长期稳定发展，以及未来可以给公司创造的现金流量，而不再局限于当期利润的多与少。

　　小公司的经营是一个复杂的过程，其中涉及很多财税问题。例如：设立时需要考虑的财税管控事项有哪些？如何在合规报税前提下进行纳税筹划？如何控制成本？如何将小公司的资本结构维持在相对合理的状态？如何制定信用政策，使小公司既能及时收回应收账款，又能保证销售量？如何提高资金的使用效率？本书将逐一解读这些问题，本节先对财务报表和纳税实务知识进行介绍。

 ## 用财务报表信息管理企业

　　财务报表是企业对内和对外沟通的一种通用商业语言。小公司的会计报表主要包括资产负债表和利润表，它们提供了关于公司财务状况和经营绩效的详细信息，这些信息是公司战略制定、预测决策以及监督管控的基础。

1. 了解小公司运行状况

　　财务报表是小公司管理层了解公司财务状况和经营业绩的重要工具：资产负债表揭示了小公司的资产、负债规模，反映了其整体财务健康状况；利润表揭示了小公司在一定期间内的收入、成本和利润情况，帮助其评估盈利能力；现金流量表则提供了关于现金流入和流出的信息，有助于了解小公司的现金分类及其活动情况。此外，利用财务报表中的数据计算的财务比率，进一步反映了小公司的运行状况，如用于评估流动性的流动比率、用于评估产品成本控制的毛利率和用于评估资源利用效率的资产周转率，这些工具为小公司管理层提供了数据支持，帮助其更好地把握公司的经营状况。

2. 评估经营业绩，提升管理水平

　　财务报表提供客观的、数字化的数据，可供小公司管理层基于

事实做出决策。具体来说，通过比较不同时间段的财务报表，管理层可以考察业绩的变化，包括销售增长、成本控制、利润率、市场份额等指标的变化。财务报表提供了关于不同业务部门和项目的数据，那么管理层可以优化资源分配，将资金投入到最具增长潜力的领域。财务报表数据可以用于制定预算和长期规划，管理层可以根据过去的财务表现制定财务目标，并监督实现这些目标的进展。如果小公司寻求外部融资或合作伙伴，良好的财务信息可以提高与潜在投资者和合作伙伴的谈判地位。

了解纳税实务，合理筹划实现节税

1. 分析财税是否合规

分析小公司财税是否合规，首先，涉及对财务数据的审查，以核查小公司是否遵守了税法规定。具体来说，可以帮助确定小公司是否按法规报税，包括所得税、增值税和其他税种，确保纳税申报的准确性。其次，可以通过识别潜在的税务风险采取相应的预防措施，避免潜在的法律问题，对小公司长期发展至关重要。此外，可以评估内部控制的合规性。具体来说，尽管资源有限，但小公司仍可以采取一些可行的做法，包括建立内部员工自我评估程序，聘请外部审计师提供指导、培训和教育，使用会计软件以及自动化流程，制定合规性检查清单，定期审查，建立监控机制并确保及时报告问题等。

2. 选择合理的纳税方式

对于小公司，选择合理的纳税方式是一项关键决策。这决策直接影响到企业的税务负担和财务灵活性。小公司需要确定是成为增值税一般纳税人还是小规模纳税人。选择时要考虑企业的组织形式、成本收益水平、税务筹划目标和长期战略。正确的选择可以降低税务负担，确保合规性前提下，提供财务灵活性，并支持公司的长期发展目标。因此，小公司在做这一决策时通常会寻求专业税务顾问或会计师的建议。

第二章

看懂财务报表，用数据管理企业

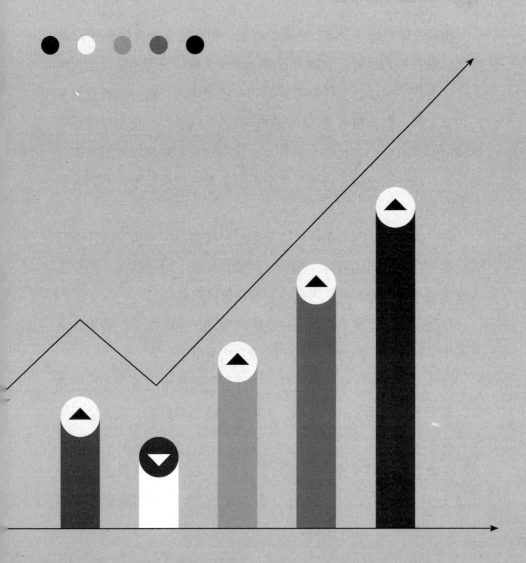

 财务报表记录了哪些企业商业信息

 财务报表的内容

我们先建立起一个会计信息的框架，根据《企业会计准则》的定义，财务报表是对企业财务状况、经营成果和现金流量的结构性表述。当我们关注企业的财务状况和业绩表现时，财务报表是重要的信息来源。财务报表是一个统称，报表提供了关于企业经济活动以货币形式表示的会计信息，其本质是企业各种经济活动结果的分类反映，一般企业最常用的三大财务报表是资产负债表、利润表和现金流量表。

资产负债表呈现了企业可支配的经济资源存在多少，以什么形式分布；企业承担的债务是多少，分别需要什么时候偿还；归投资人享有的净资产的数量是多少，分别是怎样形成的。

利润表集中呈现了企业在一个会计期间产生的收入、费用分别是多少，及其相互配比后所确定的经营成果是多少。

现金流量表则呈现了企业在一个会计期间现金的流入和流出情况，提供了本期现金从何而来、本期的现金用向何方、现金余额发生了什么变化。

考虑到我国对小企业编制会计报表的规定，以及要求上市公司自2007年起须对外报告所有者权益变动表，本书对所有者权益

变动表从略。此外，因为小公司通常规模不大，所以本书不考虑母公司合并子公司形成的会计报表。

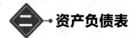 **资产负债表**

（一）资产负债表的作用

企业会计的对象是资金运动，我们从静态角度对一个企业的资金用货币进行衡量的话，首先考虑的是资金以各种形态进行分布的具体形式，比如货币资金、原材料、可供销售的库存商品、固定资产（如厂房和机器设备）等。这些资金存在和分布的具体形式我们称为资产。一分钱的存在必然有一分钱的来源，资金从来源来看，从银行借款的话，就是负债（非自有资金），自己出资的话就是净资产（自有资金）。在对资产要求权的顺序上，负债排在所有者权益之前，由此构成了会计恒等式：资产 = 负债 + 所有者权益。

资产负债表中能够提供的财务信息，主要涉及资产、负债、所有者权益这三大方面，也就是说，将企业的活动分解为"如何使用资金"（资产）和"如何筹集资金"（负债、所有者权益）两个方面，因此资产负债表的作用主要包括以下两方面。

（1）反映企业的财务状况：期初资产负债表中的资产金额反映了企业开始进行经营、投资和筹资活动可利用的经济资源，通过资产负债表中具体项目变动情况的分析可以了解企业这些经济资源变动的原因，有助于信息使用者了解企业的财务状况。

（2）为企业管理层提供决策依据：资产负债表能够为企业管理层提供重要的决策依据，例如，通过比较不同时期资产负债表中的数据，管理层可以判断企业的运营情况，并制定相应的经营策略。

（二）资产负债表的内容

1. 资产

从经营的角度出发，资金存在和分布形成的资产按照流动性由强到弱分为流动资产和非流动资产两部分，流动资产和非流动资产的区别在于是否"可以在一年内变现"。

流动资产是企业在经营活动中能够快速转化为现金[①]及现金等价物[②]，或者在一年内消耗的资产，如货币资金、应收账款、存货等，这些资产可以随时用来支付企业的短期债务和日常经营活动的开支，因此，流动资产对企业的短期偿债能力有着重要的影响。企业应根据自身的经营特点和风险偏好，合理配置流动资产，以确保企业的短期资金供应和业务发展。例如，流动资产中包含了经营性债权，是尚未从客户处回收的债权，包含应收账款和应收票据，是未回收的资金，该项目金额太大的话，意味着存在风险，必须尽量从客户那里收回，降低经营性债权的数额。

对于小公司而言，存货会计处理与一般的企业的会计处理方法相比，取消了移动加权平均、分次转销法等复杂的方法。

非流动资产是需要一年以上的时间才能够转化为现金及现金等价物的资产，这部分资产的实质构成了企业的"对内投资"和"对外投资"。企业购置的厂房、设备、土地等固定资产，被视为对内投资，因为这些资产主要用于支持企业的日常运营和发展，提高生产力，提供更好的产品和服务；而对外投资则是不直接用于企业的

---

① 包括库存现金以及可以随时用于支付的存款。

② 指企业持有的期限短、流动性强、易于转换为已知金额现金、价值变动风险很小的投资。

日常经营，而是通过持有其他企业的股权或债权而获得股利或利息收益的资产。

对于小公司而言，非流动资产会计核算方法也相对简单，资产不计提减值准备，长期股权投资应当采用成本法进行会计处理，对外投资于子公司的规模通常为零或忽略不计，长期资产的利息收入采用直线法进行摊销。

一般来说，非流动资产通常是企业长期经营和投资占用的资金。通过分析"固定资产占总资产的比例"与"流动资产占总资产的比例"的比值大小，可以将企业的资产结构分为3种类型：保守的固流结构、适中的固流结构以及激进的固流结构。固流结构越趋向于保守，流动资产比例越高，说明企业资产的流动性越强，但缺点是可能导致盈利水平降低。通过下述例子来说明固流结构的计算方法。

甲公司是一家软件和信息技术服务业的公司，以下是该公司2022年末资产负债表的关键部分：

流动资产（现金、应收账款、存货等）：200万元

固定资产（厂房、设备等）：500万元

可以计算出该公司的固流结构为：500÷200=2.5

可以看出，该结构流动资产比例较低，属于激进的固流结构策略。固定资产占比较高，意味着甲公司拥有一定的物质资源支持其业务和生产发展，但流动资产少，可能导致支付能力不足，财务风险较大。

2. 负债

从资金的来源来看，负债是借入的资金，用别人的钱来赚钱，类似于"借鸡生蛋"。与资产类项目相近，资产负债表中的负债类项目也是按照流动性由强到弱进行列报。

流动负债是企业在一年内需要偿还的负债，如短期借款、应付款项、应付职工薪酬等。流动负债反映了企业短期内的资金需求情况。对于企业来说，需要合理控制流动负债的规模和结构，确保短期内有足够的流动资金以应对业务运营和债务偿还需要。

非流动负债则是偿还期在一年以上的负债，如长期借款、应付债券等。非流动负债通常有较长的偿还期限和较高的利息成本，因此对企业的资金需求和债务管理具有重要影响。企业需要合理规划和管理非流动负债的结构和规模，确保能够满足长期资金需求和债务偿还能力。

了解负债部分的组成可以帮助小公司合理规划和管理负债结构，控制负债规模，确保公司有足够的资金满足业务运营和偿还债务的需要。

3. 所有者权益

所有者权益通常包括所有者投入的资本、其他综合收益以及留存收益等。

投入资本是企业创立或者增资扩股时所有者投入的资本，构成小公司注册资本（或股本）的部分计入实收资本、超过其在注册资本所占份额的部分计入资本公积。其他综合收益主要反映未在损益中确认的各项利得和损失[①]。企业从利润中留存下来的部分称为留存收益，主要包括盈余公积和未分配利润两部分。留存收益可以用于研发、收购等重要的资本性支出活动，以支持企业的持续增长和发展。因此，留存收益反映了企业的内部积累能力和未来成长潜力，也是企业发展的重要支撑。

所有者权益的结构和规模也反映了企业的财务稳定性，对于投资者、债权人以及其他利益相关者也具有重要的参考价值。

综合负债部分和所有者权益部分（两部分合计为总权益）来分析，资本结构研究的是流动负债、长期负债以及净资产占总权益的比例。

 **利润表**

（一）利润表的作用

资产负债表是从静态角度对企业资金运动在某一时点存量的考察，我们如果对一个企业的资金运动从动态角度进行衡量的话，企业日常活动形成的、会导致所有者权益增减变化、与所有者增减资本无关的经济利益流入和流出分别对应收入和费用。企业除了日常经营活动，还会偶尔发生非日常经营活动，非日常经营活动形成的、会导致所有者权益增减变化、与所有者增减资本无关的经济利益流入和流出分别对应利得和损失。按照规定，利得和损失有两个去向，一部分计入当期损益，进入利润表；另一部分计入所有者权益，进

[①] 企业非日常经营活动形成的、会导致所有者权益增减变化，与所有者增减资本无关的经济利益流入和流出分别对应利得和损失。

入资产负债表。

利润则是企业在一定会计期间的经营成果，作为会计三大表之一的利润表能够全面、综合地反映企业的经营状况及结果。

企业会根据战略目标决定企业的经营范围和种类，经营范围和经营种类会影响企业的收入来源和分布，并影响企业利润水平的发展态势。因此，利润表的作用主要包括以下两方面。

（1）显示企业的盈利水平。可以通过利润总额和净利润等指标来评估企业的盈利能力。利润表不仅可以反映企业的历史盈利情况，同时也可以作为预测未来盈利能力的依据。通过对企业历史利润的分析，可以对未来的盈利情况做出预测，为企业的决策提供参考。

（2）分析企业的经营活动。利润表反映了企业的营业收入和营业成本等信息，可以帮助分析企业的经营活动是否良好。如果企业的营业收入不断增长，而营业成本相对增长较少，说明企业的经营活动比较稳健。

（二）利润表的内容

1. 营业收入和营业成本

营业收入是指企业在销售商品、提供劳务等日常经营活动中形成的经济利益的总流入，营业成本是与营业收入具有因果配比关系的经济利益总流出。营业收入和营业成本是分析利润表时的首要指标，营业收入扣减营业成本之后形成毛利，之所以将其作为首要指标，是因为这一项目是企业实现盈利的基础。在分析营业收入时，要考虑企业规模因素，不能只是简单进行不同企业的横向对比，此外还要关注营业收入的纵向增长情况，比较营业收入增长率和毛利增长率来判断营业收入增长的"含金量"，为企业下一步的经营管理提供借鉴。

2. 营业利润

小公司的营业利润是指在进行销售产品或提供服务等经营活动后，从营业总收入中扣除了营业总成本、税金及附加、销售费用、管理费用、财务费用后，加上投资收益、资产处置收益、其他收益后所得的金额。具体来说，税金及附加是公司在正常生产经营中需要支付的各类税费；销售费用包括了商品销售活动产生的费用；管理费用是组织和管理经营活动所发生的费用；财务费用是为筹集资金而产生的费用；投资收益则是来自股权和债券投资的收益，包括股息、利息以及处置股权和债券投资所带来的收益。这些项目综合计算后构成了小公司的营业利润。

3. 利润总额

小公司的利润总额是由营业利润加上营业外收入，然后减去营业外支出得出的。"营业外"指的是日常生产经营活动以外。与一般企业不同的是，小公司的营业外收入包括多个项目，如汇兑收益，出租包装物和商品的租金收入，逾期未退包装物押金收益，已作坏账损失处理后又收回的应收款项等。小公司的营业外支出包括：存货的盘亏、毁损、报废损失，坏账损失，无法收回的长期债券投资损失，无法收回的长期股权投资损失等。

4. 净利润

利润总额减去所得税费用后得到净利润。在小公司的经营中，与收入相比，利润更重要，例如，即便能实现 100 万元的收入，如果费用接近 100 万元的话，利润也所剩无几。

从利润的持续获取能力上看，营业利润占利润总额的比重非常关键，因此，需要了解利润表中营业利润的情况，判断小公司经营活动的优势和劣势。

四 现金流量表

（一）现金流量表的作用

在利润表中，收入、费用项目确认记账遵循的基本原则是权责发生制，即看的是权利和义务的归属期，那么就产生一个问题，即收入、费用项目对应的款项是否已经收付实现？看收付款实现情况的财务报表就是现金流量表。

现金流量表以现金的流入、流出为标准，这种记录方法就是"收付实现制"，通过描述企业经营、投资、筹资活动的现金来源和运用的重要信息，揭示利润与现金流量之间的勾稽关系。

（二）现金流量表的内容

小公司的现金是指小公司的库存现金以及可以随时用于支付的存款和其他货币资金。现金流量按照经营活动、投资活动和筹资活动来分类，因此现金流量表也主要由这三部分构成。

经营活动现金流量包括销售产成品、商品或提供劳务所收到的现金，购买原材料、商品或接受劳务所支付的现金等。投资活动现金流量包括收回短期投资、长期债券投资和长期股权投资所收到的现金，支付短期投资、长期债券投资和长期股权投资所支付的现金，购建固定资产、无形资产和其他非流动资产所支付的现金等。筹资活动现金流量包括取得借款所收到的现金，吸收投资者投资所收到的现金，偿还借款本金所支付的现金等。

经营活动产生的正现金流量越多，说明企业所从事的业务越能赚钱。投资活动产生的负现金流量越多，说明企业投向固定资产、无形资产和其他长期资产的现金越多。筹资活动产生的负现金流量越多，说明企业偿还的负债越多。编制现金流量表的目的在于确认现金是否充足，现金使用是否合理，填补了资产负债表和利润表提供信息的空白，这样反映的会计信息较为明确，使用起来也更方便。企业发展与扩张战略同样会在现金流量表中体现出来，例如，如果企业在投资活动方面积极投入现金（即负现金流量）的同时，在筹资活动方面从银行大量借款（即正现金流量），那么可以断定企业正处于业务"扩张期"。

 附注

财务报表附注是财务报表的主要组成部分，是报表列示项目的明细资料或补充说明。目前财务报表列报的信息总括性非常强，比如存货、应收账款、固定资产、无形资产等项目金额都是以净额列示的，要了解存货的不同类型、应收账款的账龄、固定资产的原值及不同资产分别计提的减值准备等信息，就需要关注报表附注。

对于小公司，财务报表附注应包括以下要点：需要声明已按照《小企业会计准则》编制财务报表；需要提供关于短期投资、应收账款、存货、固定资产等项目的详细说明，以帮助报表使用者更好地理解这些项目的性质和价值；附注中应解释有关应付职工薪酬和应交税费的情况，包括金额的构成和支付计划等；附注应包括公司利润的分配方式和分配计划的说明；如果公司提供了对外担保，附注中需要提供相关资产的名称、账面余额以及提供担保的原因；附注中需要披露未决诉讼和未决仲裁案件的相关金额和情况；等等。报表使用者可以通过报表附注获取更多财务信息，更深入地了解小公司的经营情况。

财务比率分析方法的应用

 什么是财务比率分析法

　　财务比率分析，也叫财务指标分析，是从报表中找出相关联的数据，计算出其比率，据此分析和评价小公司的财务状况和经营成果。不同的财务报表使用者关心的问题不同，关注的财务比率也不同，投资人关注企业的盈利能力和成长性，债权人关注企业的偿债能力，管理层关注的财务比率更广泛。

 常用的财务比率分析指标

　　传统财务比率分析理论认为：企业的财务状况和业绩主要取决于盈利能力、营运能力和偿债能力。下面介绍一下常用的财务比率分析指标。

　　在计算财务比率分析指标的过程中，如果指标的分子和分母分别为时期数据和时点数据，直接计算的话，分母和分子二者的时间单位不一致，会导致指标的结果经济含义不明确，因此在计算财务比率时，需要对时点数据进行相应的调整，以时期数据对应的时间段的平均值代入计算。本书没有特殊说明的，平均值均按照"（期初水平＋期末水平）÷2"这一公式来计算。因为小公司编制的会计报表可以不包括现金流量表，故本章的财务比率指标主要针对资产负债表和利润表的项目数据进行计算。

（一）盈利能力财务比率分析指标

从长远看，企业的价值取决于其成长性和盈利能力。盈利能力财务比率分析指标计算的是一定资源投入条件下赚取利润的水平，该类指标越大说明企业盈利能力越强。对于投入的衡量角度不同，会形成下述不同的财务比率指标。

商品经营角度的盈利能力分析指标。这类指标不仅反映了企业生产经营的成果，也反映了企业收入或成本的利用情况。以收入为比较基础的盈利能力的指标主要有：营业毛利率和营业净利润率（也称净利润率）。

资本经营角度的盈利能力分析指标。这类指标用于衡量资金的使用效率，能够反映企业通过资金投入获取收益的能力。与净资产投入的获利能力相关的是净资产利润率，考虑分子和分母在范围上的对应性，净资产利润率的分母是净资产，那么分子对应的获利范畴仅包括投资人的净利润，因此一般称为净资产收益率。

表 2-1　常用的盈利能力财务比率分析指标

指标名称	计算公式	说明
营业毛利率	$\dfrac{营业收入 - 营业成本}{营业收入} \times 100\%$	毛利额 = 营业收入 - 营业成本
营业净利润率	$\dfrac{净利润}{营业收入} \times 100\%$	
净资产收益率（简称 ROE）	$\dfrac{净利润}{平均净资产} \times 100\%$	平均净资产 =（期初所有者权益 + 期末所有者权益）/ 2

（二）营运能力财务比率分析指标

企业将大量资金投资于各类资产，那么加快资产的周转对提高总体盈利能力至关重要。营运能力财务比率指标表明企业资产的运作能力和管理水平，一般分母是占用的资产规模，分子是该资产形成的周转额（通常为营业收入或者营业成本）。

常用的营运能力财务比率分析指标有：存货周转率——权衡企业生产经营过程中存货营运效率；应收账款周转率——说明企业赊销收入的收账速度和效率；资产周转率——反映企业利用资产实现营业收入的效率。在一定意义上，企业营运能力财务比率分析指标较大反映了企业对资产的管理是否高效，因此加快资产的周转速度是提高企业收益水平的重要驱动因素。

表2-2 常用的营运能力财务比率分析指标

指标名称	计算公式	说明
存货周转率	$\dfrac{营业成本}{存货平均余额}$	存货平均余额 = $\dfrac{期初存货 + 期末存货}{2}$
应收账款周转率	$\dfrac{赊销收入净额}{应收账款平均余额}$	一般用营业收入替代赊销收入净额
资产周转率	$\dfrac{营业收入}{平均总资产} \times 100\%$	

（三）偿债能力财务比率分析指标

揭示企业偿还到期的短期债务与长期债务（包括本息）的能力为偿债能力指标。一般来说，当企业营运能力较强时，盈利能力会增加，当资金利润率大于借款利息率时，负债可以给企业带来更多的财务杠杆利益，并且可以一定程度地降低企业的资金成本。

常用的偿债能力财务比率分析指标有：短期偿债能力指标主要有流动比率、速动比率；长期偿债能力指标主要有资产负债率。

表 2-3　常用的偿债能力财务比率分析指标

指标名称	计算公式	说明
流动比率	$\dfrac{流动资产}{流动负债}$	平均净资产 =（期初所有者权益 + 期末所有者权益）/ 2
速动比率	$\dfrac{速动资产}{流动负债}$	速动资产 = 流动资产 - 存货 或： 速动资产 = 货币资金 + 交易性金融资产 + 应收款项
资产负债率	$\dfrac{负债总额}{资产总额} \times 100\%$	产权比率 = $\dfrac{负债总额}{股东权益总额} \times 100\%$ 权益乘数 = $\dfrac{资产总额}{股东权益总额}$ 资产负债率 × 权益乘数 = 产权比率

反映企业财务能力的各项指标间存在千丝万缕的联系，在对企业进行财务分析时需要综合考虑才能得出正确的结论，从而做出正确的管理决策。

三　应用财务比率分析的作用

财务比率分析可以为小公司发挥管理工具的作用。其作用体现在以下几方面。

（1）为经营决策提供信息。财务报表表面所显示的数据信息是非常有限的，只有根据财务报表的数据，进行盈利能力、营运能力、偿债能力方面的深入分析，管理者才能获得准确的经营决策信息，明确小公司的未来发展方向。

（2）有利于加强小公司内部管理。分析盈利能力可以了解小公司的收入、成本支出情况，比如，可以诊断出销售与采购存在的不足，从而降低采购成本，合理地加强销售力度。还可以根据对相关情况的有效分析，对有关人员实施业绩考核。

（3）加强风险管理。通过偿债能力分析，管理者可加强对财务风险和经营风险的掌控，有效实施风险防范措施，为小公司发展提供良好的运行环境；合理制订筹资、投资计划，充分考虑公司现有的负债、偿债能力、筹资渠道、投资项目获利水平，不断优化小公司的资本结构。

下一节将以一家虚拟的、规模相对较小、符合本书所讲小公司特点的甲公司的年报数据为例，计算该公司的上述财务比率，并在其所属行业——申万二级行业（2021）的"计算机—计算机设备"中进行对比分析。

如何通过财务报表看经营情况

通过财务报表，利用财务比率分析法，可以了解小公司的盈利能力、运营效率、偿债能力等方面的情况。需要注意的是，财务分析需要结合小公司所属行业、市场环境等因素进行综合判断，避免片面解读。

 企业盈利能力分析

（一）商品经营角度的盈利能力分析

1. 营业毛利率

根据毛利率公式，在营业收入一定的情况下，若内部成本管控得好，产品毛利率就高。基于此，下面将根据分行业、分产品、分地区的收入、成本和毛利率情况分析甲公司主营业务，见表2-4至表2-6。

表2-4　甲公司2022年主营业务分行业情况

分行业	营业收入（元）	营业成本（元）	毛利率（%）	营业收入比上年同期增减（%）	营业成本比上年同期增减（%）	毛利率比上年同期增减（%）
轨道交通	2,263,601.43	1,325,895.02	41.43	8.57	0.72	4.57

分行业	营业收入（元）	营业成本（元）	毛利率（%）	营业收入比上年同期增减（%）	营业成本比上年同期增减（%）	毛利率比上年同期增减（%）
金融安防	417,309.06	245,791.90	41.10	−9.26	1.44	−6.22
城市安防	473,471.58	297,164.46	37.24	−12.11	−2.03	−6.45
其他业务	18,174.53	2,875.07	84.18			
合计	3,172,556.60	1,871,726.45	41.00	2.89	0.52	1.39

表2-5 甲公司2022年主营业务分产品情况

分产品	营业收入（元）	营业成本（元）	毛利率（%）	营业收入比上年增减（%）	营业成本比上年增减（%）	毛利率比上年增减（%）
智能监控报警系统	913,508.68	573,408.59	37.23	−30.25	−39.36	9.43
监控报警运营服务	479,479.35	268,132.97	44.08	−13.94	−4.54	−5.51
智能安检系统	1,357,297.15	818,345.20	39.71	77.10	90.74	−4.31
安检运营服务	404,096.88	208,964.61	48.29	−10.25	1.21	−5.85
其他业务	18,174.54	2,875.08	84.18			
合计	3,172,556.60	1,871,726.45	41.00	2.89	0.52	1.39

表 2-6 甲公司 2022 年主营业务分地区情况

分地区	营业收入（元）	营业成本（元）	毛利率（%）	营业收入比上年增减（%）	营业成本比上年增减（%）	毛利率比上年增减（%）
华北	1,183,596.02	624,729.06	47.22	-12.74	-11.42	-0.79
华南	973,718.72	593,823.85	39.01	-1.32	1.15	-1.49
华东	752,141.13	495,313.47	34.15	40.80	10.98	17.70
西北	164,424.86	102,112.83	37.90	24.88	29.76	-2.34
其他	98,675.87	55,747.24	43.50	32.46	24.91	3.42
合计	3,172,556.60	1,871,726.45	41.00	2.89	0.52	1.39

可以看出：2022 年甲公司整体毛利率为 41.00%，较上年增加 1.39 个百分点。利用 Choice 金融终端数据，"计算机—计算机设备"行业毛利率 2022 年为 29.94%，2021 年为 30.23%。与行业均值对比，甲公司的产品及服务很具有竞争力。

从分产品来看：2022 年安检运营服务毛利率水平比表 2-5 中前三项主营业务的毛利率水平高，但和上年相比毛利率下降了 5.85%。从分地区来看，华北业务产品毛利率水平比其他地区高，但和上年相比下降了 0.79%；华东地区毛利率为 34.15%，比其他地区低，但较上年增长幅度较大，增长了 17.70%，在其他地区毛利率较上年都有所下降的情况下，华东地区涨幅较大，可判断其市场前景较为可观。

2. 营业净利润率

甲公司现有经营模式稳健，主要产品或服务的市场前景良好，盈利能力具有可持续性，在利润表上表现为利润总额中营业利润的比重较大并且呈现上升的趋势。甲公司 2022 年营业净利润率情况见表 2-7，其中行业数据来源于 Choice 金融终端数据。

表 2-7　甲公司 2022 年营业净利润率情况

项目	本期发生额		上期发生额	
	金额（元）	占营业收入比例（%）	金额（元）	占营业收入比例（%）
营业收入	3,172,556.60	100.00	3,083,496.45	100.00
营业利润	362,422.59	11.42	426,707.90	13.84
净利润	364,875.40	11.50	423,217.67	13.73
营业利润行业均值	295,651,325.65	7.24	374,550,536.50	8.96
净利润行业均值	255,204,465.86	6.26	344,775,467.57	8.27

根据甲公司 2022 年度报告，2022 年营业利润率和净利润率分别为 11.42% 和 11.50%，较 2021 年有所降低，分别降低 2.42 个百分点和 2.23 个百分点。2022 年营业利润率和净利润率的行业均值分别为 7.24% 和 6.26%，用甲公司的相关数据与行业均值相比，可以看出甲公司的盈利能力远高于行业整体水平。

营业外收支项目对利润的影响是非经常、偶发的，与管理者的经营管理水平及能力非直接相关，不具有可持续性，因此，可继续考察营业外收支项目在利润总额中所占比重，来判断小公司盈利能力的可持续性，如表 2-8。

表 2-8　甲公司 2022 年营业外收支项目在利润总额中
所占比重情况

项目	本期发生额		上期发生额	
	金额（元）	占利润比例（％）	金额（元）	占利润比例（％）
营业外收入	18,494.49	4.92	40,618.37	8.75
营业外支出	4,694.00	1.25	3,372.89	0.73
利润总额	376,223.08	100.00	463,953.38	100.00

可以看出，甲公司近两年营业外收支项目对利润的影响非常有限，并且 2022 年的营业外收入项目在利润总额中所占比重比 2021 年有所降低，进一步验证了其盈利具有可持续性。

根据 2017 年发布的《财政部关于修订印发一般企业财务报表格式的通知》，自 2017 年度起，净利润项下按经营持续性分类，将公司的净利润分为"持续经营净利润"和"终止经营净利润"。"终止经营净利润"反映企业处置已经划分为持有待售资产或负债，或者处置计划终止经营的业务部门或子公司带来的净利润或亏损。除此之外的净利润为"持续经营净利润"。甲公司 2022 年持续经营净利润情况见表 2-9。

表 2-9　甲公司 2022 年持续经营净利润情况

项目	本期	上期
持续经营净利润（元）	364,875.40	423,217.67
净利润（元）	364,875.40	423,217.67
持续经营净利润占比（％）	100.00	100.00

在报表中单独披露持续经营净利润，这给报表分析者带来了极大的便利，即可以计算持续经营净利润占比。该指标越高，代表企业的盈利越有可持续性。甲公司的该指标很理想，达到了100%。可以看出甲公司近两年都在持续经营并创造利润。

（二）资本经营角度的盈利能力分析

净资产收益率用以衡量公司运用自有资本的收益水平，一般来说，一个小公司净资产收益率越高，则代表它的资本运营效率越高，盈利能力越强，也意味着投资者和债权人的权益能得到更好的保障。甲公司2022年净资产收益率相关指标见表2-10。

表2-10　甲公司2022年净资产收益率相关指标

项目	本期	上期	增减
净利润（元）	364,875.40	423,217.67	−13.79%
净资产（元）	7,316,884.47	7,107,339.06	2.95%
平均净资产（元）	7,212,111.77	7,115,111.89	1.36%
净资产收益率（%）[①]	5.06	5.95	−0.89%
净资产收益率行业均值（%）	7.08	10.79	−3.71%

由上表可以看出甲公司净利润总体水平在下降，公司所有活动

[①] 甲公司年报显示2022年、2021年加权净资产收益率分别为5.08%、5.67%。加权净资产收益率和净资产收益率的主要区别在于平均净资产的计算方法不同，计算和分析净资产收益率时，平均净资产的计算方法为（期初净资产＋期末净资产）/2，而分析加权净资产收益率时则需要按时间间隔为权数计算加权平均净资产。

创造的价值总量在减少。甲公司 2022 年和 2021 年净资产收益率分别为 5.06% 和 5.95%，但与行业均值相比，还有一定的差距。

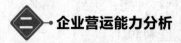

二 企业营运能力分析

对于企业来说，资产是企业资金分布及存在的具体形态，加快资金周转，可以节约资金，提高利润水平。对内经营性资产作为企业生产经营的物质基础，周转速度越快，说明其利用效率越高，为企业赚取收益的能力越强。在企业的流动资产项目中，通常应收账款和存货占的比重最大，而且这两个项目与企业的营业收入和收现能力直接相关，因此需要对其进行单独分析。

（一）流动资产周转能力

1. 应收账款周转率

应收账款完成一次周转是指从应收账款的形成到实际收回款项，应收账款周转率则表示企业一年内完成应收账款周转的次数。一般认为周转率越高越好，但应收账款周转率太高，应收账款周转天数太短，则表明企业实施的信用政策比较严格，可能会影响销售量扩大。甲公司 2022 年应收账款周转率计算见表 2-11。

表 2-11　甲公司 2022 年应收账款周转率计算表

项目	2022 年 12 月 31 日	2021 年 12 月 31 日
应收账款（元）	2,426,349.10	2,384,436.02
应收账款平均余额（元）	2,405,392.56	2,270,690.66
营业收入（元）	3,172,556.60	3,083,496.45

续表

项目	2022 年 12 月 31 日	2021 年 12 月 31 日
应收账款周转率（次）	1.32	1.36
应收账款周转率 行业均值（次）	3.40	3.79

甲公司 2022 年应收账款周转率达到 1.32 次，同期行业均值为 3.40 次。根据应收账款周转率的经济含义，该指标越大越好，因此，甲公司的应收账款周转能力还有提升的空间。按照一年 360 天这一行业惯例来计算，甲公司应收账款收回一次平均需要约 273 天。分析和判断应收账款周转率时要结合企业的经营方式，比如季节性经营或其他不同的结算方式等，都会导致应收账款周转率出现变化。

从理论上讲，应收账款的形成基础是与赊销收入相关的，但在计算应收账款周转率时，由于财务报表中没有赊销收入的反映，所以只能使用营业收入代替，以保持指标的一致性。

2. 存货周转率

存货是企业流动资产中所占比重最大的资产，通常占流动资产数额的一半甚至更多。在正常经营活动中，企业必须维持一定水平的存货，存货在企业资产中占比较大，因此对存货的质量和周转性进行评价也就变得十分重要。存货周转率是指企业在一定时期内存货占用资金可周转的次数。甲公司 2022 年存货周转率计算见表 2-12。

表 2-12　甲公司 2022 年存货周转率计算表

项目	2022 年 12 月 31 日	2021 年 12 月 31 日
存货（元）	303,975.70	212,228.84
营业成本（元）	1,871,726.46	1,861,995.07
存货平均余额（元）	258,102.27	175,435.74
存货周转率（次）	7.25	10.61
存货周转率行业均值（次）	2.51	2.98

一般来说，存货周转率高则说明销售情况好，营运资金占用在存货上的金额也会越少。但存货周转率高，也说明存货占用资金较少，这种情况对供应商的供货能力以及物流要求也越高，这需要企业管理层关注并提前预判情势。甲公司 2022 年存货周转率约 7.25次，周转一次所需要的天数约为 50 天。将该指标与行业均值 2.51进行对比，可以发现，甲公司 2022 年存货的使用效率和管理水平比行业内的多数企业更好。

（二）总资产周转能力

总资产周转率反映企业总资产的使用效率，用来衡量企业总资产周转速度的快慢，分析企业的总资产周转能力，从而评价企业管理者运用总资产产生销售收入的能力。甲公司 2022 年总资产周转率计算见表 2-13。

表 2-13　甲公司 2022 年总资产周转率计算表

项目	2022 年 12 月 31 日	2021 年 12 月 31 日
资产总额（元）	9,038,535.12	8,689,651.29

续表

项目	2022 年 12 月 31 日	2021 年 12 月 31 日
总资产平均余额（元）	8,864,093.21	8,807,654.80
营业收入（元）	3,172,556.60	3,083,496.45
总资产周转率（%）	0.36	0.35
总资产周转率行业均值	0.62	0.69

甲公司 2021 年、2022 年总资产周转率较为平稳，说明甲公司在这两年对资产的利用情况较为相似。甲公司总资产周转率低于行业均值，说明其对总资产的利用不够合理；同时，从上表中可看出甲公司营业收入增长速度低于总资产增长速度，说明甲公司的总资产周转能力还有提升的空间。

 企业偿债能力分析

（一）短期偿债能力分析

分析企业的短期偿债能力，则需要对流动资产与流动负债进行比较，比较方式有两种：一种是计算绝对量的差额，形成的指标是营运资金；另一种是计算相对量的比值，形成的指标有流动比率和速动比率。下面将根据流动比率和速动比率进行分析。

1. 流动比率

营运资金是流动资产抵补流动负债后的余额，而流动比率是流动资产与流动负债的比值。流动比率也称营运资金比率，是相对数指标，不受企业规模的影响。一般来说，流动比率高，说明企业可利用的营运资金充足，企业可变现的资产较多，支付短期债务的能

力较强。

根据经验，制造业企业的流动比率通常应该保持在 2 左右的水平。这是因为存货通常是较难变现的资产，占了流动资产的一大部分，而剩下的较容易变现的流动资产至少应该足够覆盖流动负债。

经计算，甲公司的 2022 年流动比率为 3.21，2021 年流动比率为 3.73，见表 2-14。

表 2-14　甲公司 2022 年流动比率计算表

项目	2022 年 12 月 31 日	2021 年 12 月 31 日
流动资产（元）	5,440,217.20	5,815,244.18
流动负债（元）	1,695,237.88	1,560,305.22
流动比率	3.21	3.73
流动比率行业均值	2.06	1.87

将上述计算结果与同行业平均水平进行对比后可以得知：甲公司可用于偿付短期债务的流动资产相对较多，财务风险较小。但小公司也不能盲目地追求高流动比率，流动比率过高会导致企业的资金不流通，闲置资金太多会导致机会成本增加，从而减少利润。所以，甲公司的流动比率虽高于行业平均值的 2.06，但公司在未来发展中更应注意提高资金的流通性。

2. 速动比率

速动资产是指可以快速变现的资产，包括货币资金、交易性金融资产、应收票据、应收账款、其他应收款等。速动比率是指速动资产与流动负债的比值。甲公司 2022 年速动比率计算见表 2-15。

表 2-15 甲公司 2022 年速动比率计算表

项目	2022 年 12 月 31 日	2021 年 12 月 31 日
速动资产（元）	4,915,839.46	5,304,416.88
流动负债（元）	1,695,237.88	1,560,305.22
速动比率	2.90	3.40
速动比率行业均值	1.57	1.39

由于存货需要经过生产、赊销和收款环节才能转变为现金，属于流动性较差、变现所需时间较长的资产。同时先进先出法等成本流转假设可能导致出现账面价值与实际价值差异较大的情况，因此，把存货从流动资产中扣除后计算得出的速动比率是企业现实的短期偿债能力。

速动比率越高，表示企业更有能力在极短时间内变卖资产来偿还短期债务。根据经验，速动比率为 1 较为理想，这意味着企业拥有足够的速动资产，可以用来覆盖短期债务。

从上表可看出，甲公司 2022 年末和 2021 年末的速动比率分别为 2.90 和 3.40，优于行业平均水平。

（二）长期偿债能力分析

资产负债率反映企业资产总额中通过借贷筹集的资产比例，可用于衡量企业利用债权人资金的能力，同时也反映企业在清算时对债权人利益的保护程度。资产负债率较低，表示企业有足够的支付和偿还债务的能力。但是，如果资产负债率过低，可能意味着企业不太擅长运用外部资金，特别是那些与应付账款和预收账款有关的负债。这些负债通常代表了企业与供应商或客户之间的资金关系，较低的负债表明企业可能较少利用这些关系。但资产负债率越高，说明企业通过借债筹集的资产越多，风险越大。因此，根据企业所处行业不同，企业的资产负债率应保持在一定的水平，控制在合理区间比较好（一般为 40% ~ 60%），小公司一般情况下借款比较少，资产负债率会比较低。甲公司 2022 年资产负债率计算见表 2-16。

表 2-16　甲公司 2022 年资产负债率计算表

项目	2022 年 12 月 31 日	2021 年 12 月 31 日
资产（元）	9,038,535.12	8,689,651.29
负债（元）	1,721,650.65	1,582,312.22
资产负债率（%）	19.05	18.21
资产负债率行业均值(%)	44.31	47.41

由上表可知，甲公司所处行业在 2021 年和 2022 年的资产负债率的均值在 44% ~ 48% 之间，而甲公司的资产负债率则保持在 20% 以下，这表明甲公司的负债资金利用较为合理，风险小，具有较强的融资潜力。

企业利润越多，可用于偿债的资金就越多。因此，企业的偿债能力从长期看，取决于企业的盈利能力。

第三章

了解纳税实务，合理筹划实现节税

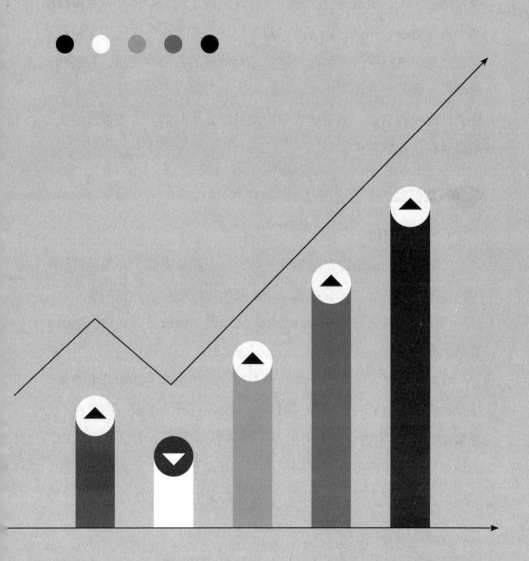

认识主要税种：增值税、所得税

根据《中华人民共和国税收征收管理法》（以下简称《税收征收管理法》），纳税人是指法律、行政法规定负有纳税义务的单位和个人。对小公司而言，了解、熟悉税法，结合业务实际用好税收优惠政策，进行税务筹划时，避免违背纳税的合法性要求，做到合理纳税、规范经营至关重要。本章所说的节税，是指合理合法地减轻公司的税收负担，或者推迟纳税义务的发生时间。本节重点梳理增值税和企业所得税。

 **增值税**

（一）谁交税

"增值"一词是指商品（或劳务，以下简称商品）在流通过程中价值增加的部分。增值税就是用企业的增值额作为计税的基础，就是用销售额减去采购额作为税基。只要是销售或进口货物，提供劳务和服务，都得交增值税。

增值税纳税人可分为一般纳税人和小规模纳税人。两者主要是按年销售额进行区分，根据《财政部 税务总局关于统一增值税小规模纳税人标准的通知》（财税〔2018〕33号），增值税小规模纳税人标准为年应征增值税销售额500万元及以下。一般纳税人按照增值额计算增值税，小规模纳税人是按销售额计算增值税。

税务机关的管理办法还规定：年应税销售额未超过规定标准的纳税人，会计核算健全，能够提供准确税务资料的，可以向主管税务机关办理一般纳税人登记。

（二）交多少税

1. 一般纳税人

对于一般纳税人而言，计算应纳税额时，首先要计算出销售商品的整体税额，然后从整体税额中扣除法定的外购项目已纳税款，前者为增值税的销项税额、后者为增值税的进项税额，那么应纳税额为：

$$应纳税额 = 当期销项税额 - 当期可抵扣进项税额$$

纳税人发生应税销售行为，按照销售额和规定的适用税率计算收取的增值税额为销项税额，即：

$$销项税额 = 销售额 \times 税率$$

相应地，纳税人购进货物等时支付或者负担的增值税额为进项税额。进项税额抵扣方式有两种：一种是凭票抵扣，另一种是计算抵扣。

为推进增值税实质性减税，2019 年 3 月，财政部等三部门发布《关于深化增值税改革有关政策的公告》（2019 年 4 月 1 日起执行），在不享受税收优惠扶持政策的情况下，增值税一般纳税人税率从 16%、10% 调整为 13%、9%。

来看一个简单的例子。

【例 3-1】

电脑经销商从工厂购进一部电脑的成本价是 8000 元，之后将其销售给消费者，价格为 10,000 元。适用的增值税率为 13%。

分析：

该电脑增值额为 2000 元，那么这次交易环节 2000 元就要交增值税。具体计算 8000×13% 为进项税额，10,000×13% 为销项税额，应纳税额 =10,000×13%−8000×13%=2000×13%。

在计算增值税应纳税额时，有几项需要关注的点：（1）增值税是价外税。价外税税金不计入产品的价格中，通常是由销售方代税务向购买方收取的，原则上由购买方承担，计算税金的方法是：销售额（不含税的）× 税率。如果仅知道含税价，还需要将含税价转成不含税价。（2）增值税是流转税，在商品流通环节普遍征收，每经过一个流通环节，就征收一次增值税。

2. 小规模纳税人

《中华人民共和国增值税暂行条例》规定，小规模纳税人发生应税销售行为，实行按照销售额和征收率计算应纳税额的简易办法，并不得抵扣进项税额。

应纳税额计算公式如下：

应纳税额 = 销售额 × 征收率

应纳税额 = 含税销售额 ÷（1+3%）×3%。

在不享受税收优惠扶持政策的情况下，小规模纳税人增值税征收率为 3%[①]，从 2020 年 3 月 1 日开始，财政部和税务总局将小规模纳税人适用 3% 征收率的应税销售收入，减按 1% 征收率征收增

---

① 小规模纳税人销售、出租不动产的征收率为 5%。

值税，只有 2022 年 4 月 1 日至 2022 年 12 月 31 日，3% 征收率的应税销售收入免征增值税。

表 3-1 小规模纳税人增值税优惠政策（免征增值税的月销售额标准）

文件号	执行期限	月（季）销售额
财政部 税务总局公告 2023 年第 1 号	2023.1.1—2023.12.31	10 万元（30 万元）[①]
财政部 税务总局公告 2023 年第 19 号	延至 2027.12.31	10 万元（30 万元）

表 3-2 小规模纳税人增值税优惠政策（超过免税标准的减税优惠）

文件号	执行期限	税率优惠
财政部 税务总局公告 2023 年第 1 号	2023.1.1—2023.12.31	3% 减按 1% 征收
财政部 税务总局公告 2023 年第 19 号	延至 2027.12.31	3% 减按 1% 征收

来看一个例子。

【例 3-2】

甲企业为"适用 3% 减按 1% 征收增值税且享受小微免税的小

---

① 但为剔除偶然发生的不动产销售业务的影响，使纳税人更充分享受政策，本公告明确小规模纳税人合计月销售额超过 10 万元（以 1 个季度为 1 个纳税期的，季度销售额超过 30 万元，下同），但在扣除本期发生的销售不动产的销售额后未超过 10 万元的，其销售货物、劳务、服务、无形资产取得的销售额，也可享受小规模纳税人免税政策。

规模纳税人"，2020 年 1 月份提供劳务行为，自行开具了 3% 的增值税普通发票，价税合计 10.30 万元；2 月份提供劳务行为，取得未开具发票含税收入 5.15 万元；3 月份提供劳务行为，自行开具 1% 的增值税普通发票，价税合计 10.10 万元。

分析：

1 月份不含税销售额 = 含税销售额 / （1+3%）=10.3÷（1+3%）=10 万元

2 月份不含税销售额 = 含税销售额 / （1+3%）=5.15÷（1+3%）=5 万元

3 月份不含税销售额 = 含税销售额 / （1+1%）=10.1÷（1+1%）=10 万元

第一季度不含税销售额 =10+5+10=25 万元

本期享受小微企业免税，免税额为 25×3%=0.75 万元

增值税按照固定期限纳税的，具体纳税期限，由主管税务机关根据纳税人应纳税额的大小分别核定；不能按照固定期限纳税的，可以按次纳税。为确保小规模纳税人充分享受优惠政策，按照固定期限纳税的小规模纳税人可以根据自己的实际经营情况选择按月纳税或按季纳税，一经选择，一个会计年度内不得变更。

自 2020 年 2 月 1 日起，小规模纳税人（其他个人除外）发生增值税应税行为、需要开具增值税专用发票的，可以自愿使用增值税发票管理系统自行开具。向主管税务机关申报纳税时，应按照当期开具专用发票的销售额和征收率进行填写。

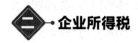

企业所得税

我国现行的税种中，从收入规模上看，企业所得税是仅次于增值税的第二大税种。

企业所得税是主要针对企业（具有法人性质的）就其所得（根据利润调整后的应纳税所得额）征收的一种税。

（一）谁交税

企业所得税纳税义务人是企业，这里的企业指的是法人性质的企业单位。属于自然人的个体工商户和属于非法人组织的个人独资企业、合伙企业，缴纳的是个人所得税。

（二）交多少税

1. 应纳税所得额的确定

企业所得税的纳税人分为居民企业和非居民企业，而"所得"一词，根据《企业所得税法》规定，是指"企业每一纳税年度的收入总额，减除不征税收入、免税收入、各项扣除以及允许弥补的以前年度亏损后的余额，为应纳税所得额"。

需要说明的是，会计准则对于资产、负债的确认依据与税法的计算依据不同，导致所计算的应缴税额和按照税法口径实际征收的税额之间产生了暂时性差异。为了处理这些差异，产生了递延所得税资产和递延所得税负债项目。

2. 企业所得税的计算

目前我国企业所得税的基本税率为25%，符合条件的小型微利企业适用税率为20%，国家需要重点扶持的高新技术企业适用税率为15%。

应纳税额 = 应纳税所得额 × 适用税率 − 减免税额 − 抵免税额

在计算应纳税所得额时，企业财务、会计处理办法与税收法律、行政法规的规定不一致的，应当依照税收法律、行政法规的规定计算。

根据近年来国家针对小微企业的所得税优惠政策，小型微利企业年应纳税所得额有所调整，见表3-3。

表3-3　小微企业所得税优惠一览表

文件号	执行期限	年应纳税所得额
财政部　税务总局公告2022年第13号	2022年1月1日至2024年12月31日	对小型微利企业年应纳税所得额超过100万元但不超过300万元的部分，减按25%计入应纳税所得额，按20%的税率缴纳企业所得税
财政部　税务总局公告2023年第6号	2023年1月1日至2024年12月31日	对小型微利企业年应纳税所得额不超过100万元的部分，减按25%计入应纳税所得额，按20%的税率缴纳企业所得税

上述公告所称的小型微利企业，是指从事国家非限制和禁止行业，且同时符合年度应纳税所得额不超过300万元、从业人数不超过300人、资产总额不超过5000万元等三个条件的企业。从业人数，包括与企业建立劳动关系的职工人数和企业接受的劳务派遣用工人数。所称从业人数和资产总额指标，应按企业全年的季度平均值确定。

具体计算公式如下：

季度平均值 =（季初值 + 季末值）÷2

全年季度平均值 = 全年各季度平均值之和 ÷ 4

年度中间开业或者终止经营活动的，以其实际经营期作为一个纳税年度确定上述相关指标。

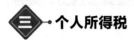 **个人所得税**

个体工商户、个人独资企业、个人合伙企业的合伙人是个人所得税的纳税人。这些个人和单位以个人或投资人财产承担无限责任，所以税法将其视为个人，征收个人所得税。

个人独资企业和合伙企业取得营业收入，扣除成本费用后，就形成利润。利润先分到个人的头上，独资企业就是投资人，合伙企业则按其出资比例分到每一个合伙人头上，再按个体工商户的个税计算方式，计算投资人和合伙人的个人所得税。

熟悉纳税申报流程：减少稽查风险

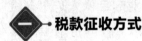

　　企业税款在实际征收过程中有两种方式：一种是查账征收，另一种是核定征收。根据税收征收管理相关规定，对于纳税人会计账簿不健全，资料残缺难以查账，或者计税依据明显偏低等其他原因，税务机关有权核定其应纳税额，此为核定征收。查账征收主要适用于财务核算比较健全的纳税人。《企业所得税核定征收办法（试行）》也提出，对符合查账征收条件的纳税人，要及时调整征收方式，实行查账征收。

　　《国家税务总局关于开展 2020 年"便民办税春风行动"的意见》（税总发〔2020〕11 号）规定：全面推进网上办税缴费，实现纳税人 90% 以上主要涉税服务事项网上办理；推行税务文书电子送达。本书从网上办税的角度，对涉税业务进行介绍。

　　税种不同，征收期的截止日也不同，可以关注国家税务总局的 12366 纳税服务平台（https://12366.chinatax.gov.cn），点击"办税服务—办税日历"，可以查阅不同地区的不同税种具体的申报纳税期限（2023 年度实行每月或者每季度期满后 15 日内申报纳税，节假日顺延），见图 3-1。

图 3-1　国家税务总局网站 2023 年度"办税日历"模块

在办税之前，通过国家税务总局 12366 纳税服务平台进入"办税服务—办税指南"，可以了解不同税种的申请条件、办理材料、办理地点、办理流程和纳税人注意事项等信息，以便更好地纳税申报，见图 3-2。

图 3-2　国家税务总局网站"办税指南"模块

通过国家税务总局 12366 纳税服务平台点击"办税服务—网上办税",可以切换到各省税务局的网站,进行办税。网站会不定期优化升级,各省税务局的界面也会有个性化的布局,但基本的操作方法都一样。下面以辽宁省电子税务局网站为例,了解一下增值税和企业所得税的申报流程。

二 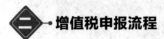 增值税申报流程

增值税纳税申报,先进入税务局网站"办税服务—办税指南"栏目查询,准备好相应的材料,然后再按照特定的流程进行网上办税。

增值税一般纳税人进行增值税申报的流程见图 3-3。

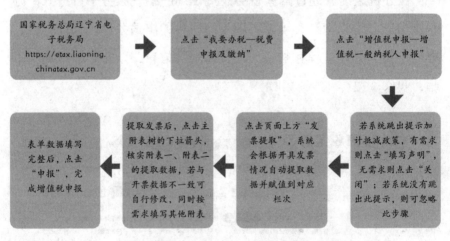

图 3-3　增值税一般纳税人进行增值税申报的流程

查账征收小规模纳税人进行增值税申报的流程见图 3-4。

图 3-4 查账征收小规模纳税人进行增值税申报的流程

核定征收小规模纳税人进行增值税申报的流程见图 3-5。

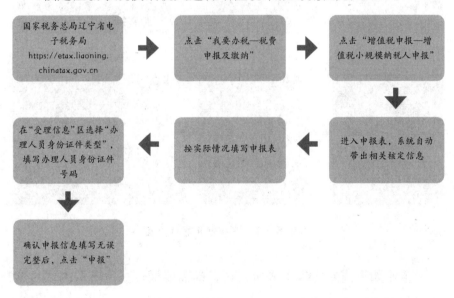

图 3-5 核定征收小规模纳税人进行增值税申报的流程

申报增值税时，一般先申报主税，再申报附加税，因为系统会自动根据所申报的主税计算附加税。申报完增值税后，系统会自动生成城市维护建设税、教育费附加、地方教育附加申报表。

企业所得税申报流程

和增值税纳税申报流程类似，通过税务局网站"办税服务—办税指南"获取信息，准备好相应的材料。企业所得税申报的流程见图 3-6。

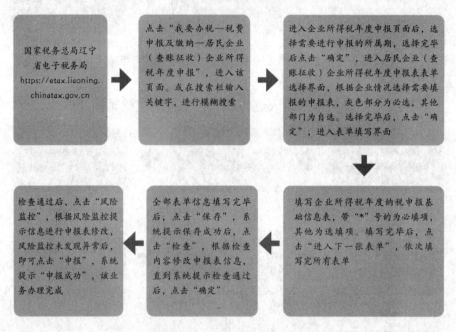

图 3-6　企业所得税申报的流程

企业如果需要申报个人所得税，则需要通过另行下载的"自然人电子税务局客户端"进行个人所得税的申报。

实施纳税筹划：合理降低税务支出

纳税筹划是纳税人在既定的税制框架内，对战略模式、经营活动、投资行为、理财涉税事项等进行事先规划和安排，以节税、递延纳税或降低风险为目标的一系列税务规划活动。

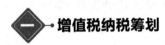

一　增值税纳税筹划

（一）选适合的纳税人类型

不同类型的纳税人对待进项税额和销项税额的方式不同。一般纳税人可以抵扣进项税额，减少应交税款，而小规模纳税人的进项税额不能抵扣，只能计入成本，因此，一般纳税人在购进商品或服务时有一定的税负优势。由于小规模纳税人在销售时不需要额外收取增值税，其商品或服务价格可能相对更低，这在市场上具有竞争优势。购货方通常更愿意购买不含增值税的商品或服务，从而可提高小规模纳税人的市场吸引力。

进行增值税的纳税筹划时，通常会考虑不同类型的纳税人之间的转化，一般指增值税一般纳税人和小规模纳税人之间的合理转化。这种转化可以通过比较这两种类型纳税人的企业税负情况，制定合理的税收筹划安排得以实现。一般纳税人和小规模纳税人不同身份的纳税额具体有何区别呢？在不考虑免征和优惠政策的前提下，举例说明如下。

【例 3-3】

某商品进货价为 10,000 元（增值税专用发票的价税合计金额），售价为 20,000 元（含税价），一般纳税人企业和小规模纳税人企业的增值税纳税额计算方法分别如下：

一般纳税人应纳税额 =（20,000 ÷ 1.13）× 0.13 −（10,000 ÷ 1.13）

× 0.13=1150.44（元）

小规模纳税人应纳税额 =（20,000 ÷ 1.03）× 0.03 =582.52（元）

在例 3-3 这种情形下，显然是小规模纳税人企业交税较少。

【例 3-4】

某商品的进价是 15,000 元（增值税专用发票的价税合计金额），售价为 20,000 元（含税价），一般纳税人企业和小规模纳税人企业的增值税纳税额分别如下：

一般纳税人应纳税额 =（20,000 ÷ 1.13）× 0.13 −（15000 ÷ 1.13）

× 0.13=575.22（元）

小规模纳税人应纳税额 =（20,000 ÷ 1.03）× 0.03 =582.52（元）

在例 3-4 这种情况下，由于进项税额抵扣多，一般纳税人的增值税应纳税额就比小规模纳税人应纳税额少。

在实务中，可以用一般纳税人适用税率、小规模纳税人实际征收率、进价和售价计算一般纳税人税负平衡点，并分析不同类型的纳税人在进项税额抵扣和销售方面的税收优势的差异，要根据企业在市场竞争中的地位和销售策略选择适合的纳税人类型。另外，在选择纳税人类型时，不仅要考虑税收负担，还需要考虑企业最终的利润，同时注意抵扣进项税额产生的影响。

但需要注意的是，如果纳税人销售额超过了小规模纳税人的标准，却没有申请办理一般纳税人认定手续，那么依据规定，税务机关将按销售额依照增值税税率计算应纳税额，不得抵扣进项税额，也不得使用增值税专用发票。

（二）从节税的角度选择适合的供应商

小公司在采购时可以选择从一般纳税人或小规模纳税人处采购商品或服务。

1. 小公司是一般纳税人时的采购情况

从一般纳税人处采购可以取得增值税专用发票，可抵扣进项税额；从小规模纳税人处采购，如果取得其自开或代开的增值税专用发票，可抵扣 3% 的进项税额，如果只取得增值税普通发票，则不能抵扣进项税额。

2. 小公司是小规模纳税人时的采购情况

不论是从一般纳税人处购进货物还是从小规模纳税人处购进货物，即使取得相应的可以抵扣的凭证，也不能抵扣进项税额，增值税部分不构成差异，不存在纳税筹划问题。

而对于小公司是一般纳税人的情况来说，采购时要考虑增值税带来的差异。举例说明如下。

【例3-5】

假设甲公司为一般纳税人，适用税率13%，2023 年度该公司共需要 A 货物10 万件。从纳税筹划角度，分析从一般纳税人处购进和从小规模纳税人处购进货物哪个方案对甲企业更为有利。

方案一：如果从一般纳税人处购进 A 货物，价格为每件 6 元，可以开具增值税专用发票，则进货总价 60 万元，进项税额 7.8 万元。

方案二：如果从小规模纳税人处购进 A 货物，价格仍为每件 6 元，但其不能开具增值税专用发票，进货总价即进货成本为 60 万元。

两个方案的进货总价相同，但是从增值税税收负担考虑，方案一，也就是从一般纳税人处购进货物的方案，甲公司缴纳增值税的金额要减掉可以抵扣的进项税额 7.8 万元，而方案二，也就是从小规模纳税人处购进货物则不能抵扣进项税额，方案一的税负很明显小于方案二。从增值税缴纳数额多少的角度考虑，甲公司应选择从一般纳税人处进货。

（三）利用优惠政策进行纳税筹划

小公司要深入了解相关税收政策，根据自身情况选择适用的税收优惠政策，以减轻纳税负担。以第一章中表 1-1 列举的税收优惠政策为例，《国家税务总局关于增值税小规模纳税人减免增值税等政策有关征管事项的公告》（2023 年第 1 号），2023 年 1 月 1 日起，增值税小规模纳税人发生增值税应税销售行为，合计月销售额未超过 10 万元（以 1 个季度为 1 个纳税期的，季度销售额未超过 30 万元）的，免征增值税。政策同时规定按固定期限纳税的小规模纳税人可以选择以 1 个月或 1 个季度为纳税期限，一经选择，一个会计年度内不得变更。那么原来按固定期限纳税的公司可以根据实际情况，在一个会计年度内选择按期纳税，以达到合理降低税务支出的目的。举例说明如下。

【例 3-6】

A 公司为小规模纳税人，2023 年 7—9 月的销售额分别是 7 万元、8 万元和 20 万元。从纳税筹划角度，比较按月纳税和按季纳税哪个方案对 A 公司更为有利。

方案一：如果 A 公司选择按月纳税，7 月和 8 月的月销售额均未超过 10 万元，根据免税标准，能够享受免税政策；9 月的销售额超过了月销售额 10 万元这一免税标准，可减按 1% 的税率缴纳增值税。

方案二：如果 A 公司按季纳税，2023 年第三季度销售额合计 35 万元，超过"季度销售额未超过 30 万元"这一免税标准，因此，无法享受免税政策，但可减按 1% 的税率缴纳增值税。

例 3-6 中这两种方案，按月纳税是更具优势的选择，因为它允许在销售额较低的月份享受免税政策，而在销售额较高的月份也仅需按 1% 的税率缴纳增值税，这有助于最大限度地降低税务成本。

根据本章第一节的内容，小规模纳税人自行开具增值税专用发票的部分要按照适用的征收率进行纳税申报填列。那么，小规模纳税人即使符合免税标准，自行开具的销项税款也是不能享受免税的，要交对应的销项税额。也就是说，享受免税政策除了要满足销售额的要求，还要满足开票的要求，只能开具增值税普通发票。如果小规模纳税人发生销售业务，既开具专票又开具普票，免税政策如何执行？举例说明如下。

【例 3-7】

假设 A 公司为小规模纳税人，并按季纳税。2023 第一季度的销售额为 25 万元，本季度开具 12 万元（价税合计）的普票、13 万元（价税合计）的专票；第二季度的销售额为 31 万元，本季度开具 18 万元（价税合计）的普票，13 万元（价税合计）的专票。那么 A 公司如何执行增值税优惠政策？

第一季度：本季度销售额未超过 30 万元，已达到免税政策标准，普票部分可以享受免征增值税政策，但开具专票的 13 万元（价税合计）需正常缴纳增值税。

第二季度：本季度销售额超过 30 万元，已超出免税政策标准，不能享受免缴增值税政策。本季度开具普票部分也不得享受免缴增值税的优惠，按照普票金额 18 万元、专票金额 13 万元合计的 31 万元缴纳、计提增值税。

 **企业所得税纳税筹划**

（一）利用会计政策和会计估计进行筹划

1. 会计政策的选择

会计政策包含三个层次：会计原则、计量基础和会计处理方法。这些政策决定了企业如何记录和报告财务信息，对最终的会计核算和纳税结果产生直接影响。比如，存货计价方法的选择是会计政策的一部分。如果企业选择采用能使发出存货成本较高的计价方式，则能对企业的所得税税前扣除产生积极影响，有助于减少税负。然而，企业在选择存货计价方法时需要综合考虑多种因素，如所处的经济环境、物价波动等，需要根据企业的具体情况制定，并确保合法合规。举例说明如下。

【例 3-8】

甲公司 2022 年 9 月生产的 A 商品入库、发货和库存情况如下：

（1）2022 年 9 月 1 日，A 商品结存 100 件，单位生产成本为 100 元 / 件；（2）2022 年 9 月 15 日，完工入库 A 商品 200 件，单位生产成本为 105 元 / 件；（3）2022 年 9 月 17 日，A 商品销售 200 件，定价为 360 元 / 件（不含增值税）；（4）2022 年 9 月 30 日，A 商品结存 100 件。

从纳税筹划角度出发，用先进先出法和全月一次加权平均法分别计算发出产品成本，比较哪种方案对甲企业较为有利。

方案一（先进先出法）：

销售成本 =100×100+100×105=20,500（元）

销售收入 =200×360=72,000（元）

应纳税所得额 =72,000 - 20,500=51,500（元）

应纳企业所得税 =51,500×25%=12,875（元）

方案二（全月一次加权平均法）：

A 商品平均成本 =（100×100+200×105）÷（100+200）=103.33（元）

销售成本 =200×103.33=20,666（元）

销售收入 =200×360=72,000（元）

应纳税所得额 =72,000 - 20,660=51,334（元）

应纳企业所得税 =51,334×25%=12,833.5（元）

由以上计算结果可知，该公司选择全月一次加权平均法计算发出产品成本对纳税比较有利。可以看出，在物价不断上涨的情况下，如果采用先进先出法计算销售成本，则销售成本偏低，当期应纳税所得额偏高。

2. 会计估计方法的选择

由于企业的经营活动存在多种不确定因素，只能采取适当的会计方法进行合理估计与测算。会计估计金额会影响计入特定会计期间的成本费用金额，会对企业的会计利润与税收成本产生影响。该方法涉及的主要会计事项有资产减值估计、折旧和摊销估计等。但是需要注意的是，税法规定，固定资产按照直线法计算的折旧，准予扣除。税法还规定，只有特殊行业或特殊情况的固定资产，可以采用双倍余额递减法或年数总和法来加速计提折旧。当企业的会计处理与税法规定不一致时，计税时应按税法规定进行调整。举例说明如下。

【例 3-9】

甲公司 2019 年初引进了新设备生产线，淘汰了原有的 A 生产线。原有 A 生产线原始价值为 5,000 万元，按照直线法计提折旧，预计使用年限为 10 年，预计净残值为 0。A 生产线已经使用 8 年，剩余折旧年限为 2 年。如果处理的话，市场价格为 400 万元。从纳税筹划角度，比较不处置 A 生产线和处置 A 生产线哪种方案对甲公司较为有利。

方案一：如果甲公司不对 A 生产线进行处置，则 2019 年计提的 500 万元折旧额不允许在计算所得税时扣除，因为属于"房屋、建筑物以外未投入使用的固定资产"，需要调增应纳税所得额 500 万元。

方案二：如果 2019 年对 A 生产线进行处置，会产生 600 万元的资产处置损失，按照税法的规定，可以在 2019 年所得税汇算清缴时进行税前扣除，减少企业当年的所得税税额 150（600×25%）万元。

那么，2019 年对 A 生产线进行处置，可以降低企业所得税税负。

（二）利用税收优惠进行筹划

《企业所得税法》中规定了很多企业经营期间的税收优惠条款，合理利用这些优惠政策对于降低企业所得税负非常重要。如第二十六条规定企业的国债利息等收入为免税收入等。举例说明如下。

【例 3-10】

甲公司有一笔 100 万元的资金拟进行对外投资，经过前期的调研和筛选，有两个项目通过可行性论证。一是绿色蔬菜种植基地，投资理由是人们对食品安全和自身健康问题越来越重视，因而该项目有良好的发展前景。二是茶叶种植园，投资理由是茶叶产品深受大量消费者青睐，市场需求旺盛。两个项目的投资额和预期投资报酬率均相同，从纳税筹划角度进行分析，比较哪个项目对甲公司较为有利。

《企业所得税法》第二十七条第（一）项规定，企业从事农、林、牧、渔业项目的所得，可以免征、减征企业所得税。根据2007年公布、2019年修订的《企业所得税法实施条例》，其中企业从事蔬菜、谷物等种植项目的所得，免征企业所得税；企业从事花卉、茶以及其他饮料作物和香料作物的种植项目的所得，减半征收企业所得税。

本例中第一个项目为蔬菜种植，免征企业所得税，第二个项目为饮料作物的种植，减半征收企业所得税。因而，在投资金额相等的条件下，应优先选择第一个项目进行投资。

第四章

小公司设立时需要考虑的财税管控事项

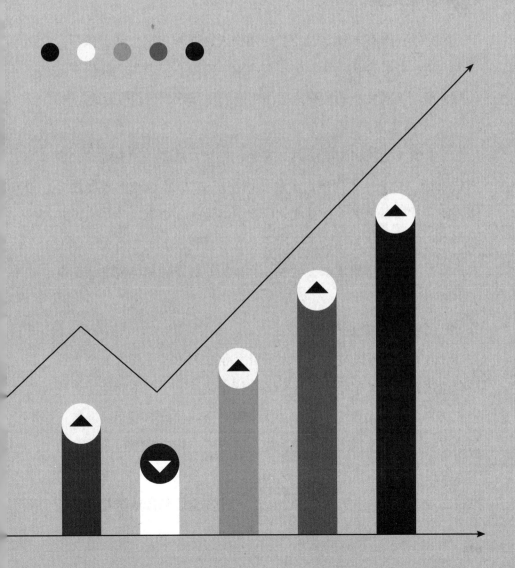

第一节　充分考虑节税因素

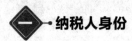

一 纳税人身份

现阶段我国有多种不同类型的纳税人，通常包括个体工商户、个人独资企业、合伙企业、公司制企业（有限责任公司或股份有限公司）等。不同性质的纳税人适用不同的法律规制与税收规定。

1. 个体工商户

《中华人民共和国民法典》规定，自然人从事工商业经营，经依法登记，为个体工商户，个体工商户以2022年颁布的《促进个体工商户发展条例》为依据成立、规范其运行。根据《中华人民共和国个人所得税法》（以下简称《个人所得税法》）中有关个体工商户生产经营所得的规定，按5%~35%的五级超额累进税率缴纳个人所得税。

2. 个人独资企业和合伙企业

根据《中华人民共和国个人独资企业法》（以下简称《个人独资企业法》）、《中华人民共和国合伙企业法》（以下简称《合伙企业法》），个人独资企业和合伙企业对企业债务承担无限连带责任，有限公司则依据《公司法》成立并规范运行。我国税法规定，个人独资企业以投资者为纳税义务人，合伙企业以每一个合伙人为纳税义务人（也统称为投资者）。个人独资企业和合伙企业投资者个人的生产经营所得，比照"个体工商户的生产、经营所得"项目计征所得税。

　　合伙企业的所得税按照"先分后税"原则，把利润分给合伙人，由合伙人自行申报税款。此处的"分"是"划分"的意思，并不是实际的分配。合伙企业合伙人是自然人的，缴纳个人所得税；合伙人是法人和其他组织的，缴纳企业所得税。举例说明如下。

【例 4-1】

　　甲合伙企业有 2 个合伙人，其中 1 个合伙人为 A 有限公司（简称 A 公司），另 1 个合伙人为自然人 B。合伙协议约定 A 公司和自然人 B 的利润分配比例分别为 60% 和 40%。2022 年，甲合伙企业取得生产经营所得总计为 1000 万元（假设无调整项目且无其他所得）。就甲合伙企业的经营所得，计算 2 个合伙人的应纳税所得额，企业所得税率为 25%。

　　（1）甲合伙企业生产经营所得计算如下：

　　假设经合伙人商议约定，甲合伙企业 2022 年不进行分配利润，那么生产经营所得为 1000 万元

　　假设经合伙人商议约定，甲合伙企业 2022 年分配所得为 300 万元，那么生产经营所得保持不变，还是 1000 万元。

　　说明：生产经营所得，包括企业分配给投资者个人的所得和企业当年留存的所得（利润）。

　　（2）A 公司为法人企业，应缴纳企业所得税，计算如下：

　　A 公司分配所得 =1000×60%=600 万元

　　就甲合伙企业的经营所得，A 公司应交企业所得税

=600×25%=150 万元

（3）自然人 B 为自然人个人，应缴纳个人所得税，计算如下：

自然人 B 分配所得 =1000×40%=400 万元

就甲合伙企业的经营所得，自然人 B 分配个人所得 400 万元应比照《个人所得税法》的"经营所得"应税项目，适用 5%～35% 的五级超额累进税率。

3. 公司制企业

公司制企业一般按照查账征收的方式缴纳企业所得税，税率为 25%（高新技术企业和小微企业适用优惠税率或执行减免税政策）。但对于分配给股东的税后利润，还需要再缴纳个人所得税。

对于小公司来说，在设立之初就应考虑是选择法人企业还是非法人企业。非法人企业征收个人所得税，最低税率很低，但边际税率较高。因此，需要通过比较税负来做具体分析。

小公司设立之前需要进行周密的税务筹划，要根据纳税负担和承担责任的大小，在公司制企业、合伙企业、个人独资企业、个体工商户之间进行比较，选择适合自己的组织形式。

◆二 税款缴纳方式

第三章介绍了税款征收方式分为查账征收和核定征收。下面分别梳理增值税和企业所得税适用的核定征收的情况。

增值税的核定征收方式为定期定额交税，仅适用于增值税小规模纳税人中符合核定征收条件的个体工商户。

企业所得税的核定征收适用于不能准确核算经营成果，达不到查账征收条件的企业，核定方式包括定额征收、核定应税所得率征收以及其他合理的征收方式。核定的应税所得率，也就是利润率，例如餐饮企业核定的利润率为10%，然后根据算出来的利润交税。根据国家税务总局印发的《企业所得税核定征收办法（试行）》，应税所得率规定的幅度标准见表4-1。

表4-1 企业所得税核定征收的应税所得率幅度标准

行业	应税所得率（%）
农、林、牧、渔业	3 ～ 10
制造业	5 ～ 15
批发和零售贸易业	4 ～ 15
交通运输业	7 ～ 15
建筑业	8 ～ 20
饮食业	8 ～ 25
娱乐业	15 ～ 30
其他行业	10 ～ 30

计算出应纳税所得额之后，再根据"应纳税所得额 × 适用税率"计算应纳所得税额，企业所得税适用税率一般是25%。可以看出，核定征收的方式比查账征收简易，并且税负较轻。而且从2014年开始，符合规定条件的企业享受小型微利企业所得税优惠政策时，不再受企业所得税征收方式的限定，无论企业所得税实行查账征收方式还是核定征收方式，只要符合条件，均可以享受小型微利企业

所得税优惠政策。

根据财政部、国家税务总局《关于印发〈关于个人独资企业和合伙企业投资者征收个人所得税的规定〉的通知》（财税〔2000〕91号），明确了对个人独资企业和合伙企业投资者核定征收个人所得税的基本规定。不符合核定征收法的仍然适用于查账征收。应税所得率规定的幅度标准见表4-2。

表4-2　实行核定应税所得年征收方式的应税所得率标准

行业	应税所得率（%）
工业、交通运输业、商业	5 ~ 20
建筑业、房地产开发业	7 ~ 20
饮食服务业	7 ~ 25
娱乐业	20 ~ 40
其他行业	10 ~ 30

2018年以来，一般的省级税务机关要求按最低标准确定各行业应税所得率并执行。根据该标准计算出应纳税所得额之后，按照5%~35%的五级累进税率计算个税。

近年来，国家对核定征收方式逐步加紧监管。2021年9月18日，国家税务总局发出通知，对于文娱行业及从业人员的公司取消核定征收；2021年12月30日，国家税务总局提出，持有股权、股票、合伙企业财产份额等权益性投资的个人独资企业、合伙企业禁止核定征收，一律适用查账征收方式缴纳税款。为维护市场良好发展，国家税务总局发布了《关于推出2022年"我为纳税人缴费人办实事暨便民办税春风行动 2.0 版"的通知》，在关注纳税人缴费所需、留抵退税的同时，更加强税务监管，提及规范核定征收管理。随着对个人独资企业及合伙企业核定征收政策的收紧，目前以个体工商户的核定征收为主。

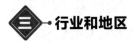

三　行业和地区

针对不同行业、不同地区，我国的税收政策有所不同，小公司可以根据自身情况选择合适的行业和地区进行注册、设立，由此可以享受税收优惠政策，如产业税收优惠和区域性税收优惠等。

1. 行业的选择

国家在制定税收政策时，通常会根据产业结构的优化需要，对不同类型的行业采取不同的税收政策。对于鼓励发展的行业，政府会提供特定的税收优惠政策，以鼓励企业在这些领域投资和发展。而对于限制或者不鼓励的行业，政府则通常不提供税收优惠。如《企业所得税法实施条例》对小型微利企业规定的优惠税率只限于从事国家非限制和禁止的行业。又如《企业所得税法》规定，国家对重点扶持和鼓励发展的产业和项目，给予企业所得税优惠；符合条件的小型微利企业，减按 20% 的税率征收企业所得税；国家需要重点扶持的高新技术企业，减按 15% 的税率征收企业所得税。因此，小公司应尽量选择投资国家鼓励的行业和项目，以享受税收优惠政策，减轻税负。

2. 设立地点的选择

为了促进不同地区的经济协调发展，国家针对各地区制定了一系列税收优惠政策。举例来说，《企业所得税法》中规定，对于在民族自治地方从事国家允许的产业的企业所得税中，属于地方分享的那一部分，可以享受减征或免征政策。小公司在选择设立企业的地点时，可以充分考虑这些税收优惠政策。这样做不仅可以降低小公司的税收成本，还有助于在特定地区享受更多的政府支持，为小公司的发展提供更多机会，创造更多优势。这些政策的目的是促进不同地区的经济均衡增长，为地区和企业创造更多的发展机遇。

比如，2021年，上海对新设的个人独资企业取消了核定征收，已存在的个人独资企业用3年时间过渡到查账征收，并且对年销售额超过500万元的企业也取消核定征收的政策。山东、福建、浙江、江苏、湖北、深圳等特定园区也将核定征收转为查账征收。所以，小公司也要关注政策的最新变化。

财税管控视角下的股权架构设计

 设计企业的股权架构

（一）本书所指小公司类型与股权的关系

如本章第一节所述，本书所指小公司类型主要包括个体工商户、个人独资企业、合伙企业、有限责任公司、股份有限公司，那么我们看看有哪些本书所指小公司类型和接下来要探讨的股权架构有关系。

个体工商户在当地市场监督管理局注册，营业执照上是经营者的名称，但没有法定代表人的名字，没有股东概念。成立个体工商户相对简单，不要求必须办理对公账户，决策高效，且注销较容易。已登记注册的个体工商户，在目前生产经营条件的基础上，已形成较大规模，并有转型升级为公司意愿，且同时符合条件的，可以申请办理"个转企"。

个人独资企业指依照《个人独资企业法》在中国境内设立，由一个自然人投资，财产为投资人个人所有，投资人以其个人财产对企业债务承担无限责任的经营实体。

合伙企业是指自然人、法人和其他组织依照《合伙企业法》在中国境内设立的普通合伙企业和有限合伙企业。《合伙企业法》规定，"有限合伙企业由二个以上五十个以下合伙人设立；但是，法律另有规定的除外。有限合伙企业至少应当有一个普通合伙人。"就是说，有限合伙企业由普通合伙人（GP）和有限合伙人（LP）组成。普通合伙人（GP）对合伙企业债务承担无限连带责任，有限合伙人（LP）以不执行合伙企业事务为代价获得对合伙企业债务承担的有限责任的权利，有限合伙企业具有同股不同权（表决权）的特点。

《公司法》界定的公司是企业法人，有独立的法人财产，享有法人财产权，包括在中国境内设立的有限责任公司和股份有限公司。营业执照上是法定代表人姓名。设立公司必须依法制定公司章程，公司章程是公司股东就公司性质、宗旨、经营范围、运行方式、组织机构、活动方式、权利义务分配等重要事务内容进行安排和记载的基本规范性文件。"有限"一词是指公司以其全部财产对公司的债务承担责任。有限责任公司的股东以其认缴的出资额为限对公司承担责任，由一个以上五十个以下股东出资设立。股份有限公司的股东以其认购的股份为限对公司承担责任，股份有限公司没有股东数量的限制，规定的是"设立股份有限公司，应当有一人以上二百人以下为发起人"。

股权架构是指企业股东的类型（股东可以是自然人，也可以是个人独资企业，还可以是法人）及其股份占比情况。股权架构直接决定了股东对企业的控制情况。小公司股权架构涉及合伙企业、公司制企业的股东及其股份占比情况，一般不涉及比较复杂的上市企业的股权结构。

（二）股份占比情况与控制权

小公司设立时股东的股权比例应如何设定？先需要了解：表决权比例和控制权、出资比例、持股比例的关系。

表决权比例是指企业在对重大事项表决时，各股东投票时，该投票权占全部投票权的比例。《公司法》规定，有限责任公司股东会会议由股东按照出资比例行使表决权；但是，公司章程另有规定的除外。股份有限公司股东出席股东会会议，所持每一股份有一表决权，类别股[①]股东除外；但是，公司持有的本公司股份没有表决权。这两种企业的不同之处在于：有限责任公司的股东可以在章程中约定各股东的表决权比例，这样就有可能导致表决权比例和出资比例不一致；而股份公司股东的持股比例与表决权比例保持一致。

股东对有限责任公司的控制权，体现为其股权占有表决权的比例多少。如果股东在投资协议或者公司章程中没有对其出资与所占股权或表决权比例做出特别约定，《公司法》规定，有限责任公司的股东会会议做出"修改公司章程、增加或者减少注册资本的决议，以及公司合并、分立、解散或者变更公司形式的决议"等重大事项时，表决权为"三分之二以上"，对于行使"审议批准董事会、监事会的报告"等普通事项职权，《公司法》规定股东会作出决议，应当经代表过半数表决权的股东通过。除《公司法》有规定的外，由公司章程规定。

可以看出，只要股东持有的表决权超三分之二就可以对公司的重大事项拥有绝对的控制权，形成有效的股东会决议，因为表决权超三分之二就拥有修改公司章程等职权。另外，有限责任公司是可以在章程中设置同股不同权的。

---

① 股份有限公司可以按照公司章程的规定发行下列与普通股权利不同的类别股：

（一）优先或者劣后分配利润或者剩余财产的股份；

（二）每一股的表决权数多于或者少于普通股的股份；

（三）转让须经公司同意等转让受限的股份；

（四）国务院规定的其他类别股。

接下来，从小公司的角度，以有限责任公司和合伙企业为对象进行股权架构分析。

（三）有限责任公司的股权架构

1. 直接控制

在小公司设立初期，股权架构一般选择自然人直接持股，投多少资金就占多少股份比例，通过直接持有优势股权比例的方式，实现对目标公司的控制。举例说明如下。

【例 4-2】

股东 A、股东 B、股东 C 三人设立有限责任公司甲。股东 A 如果想在修改公司章程、增加或者减少注册资本以及公司合并、分立、解散或者变更公司形式等重大事项的表决中实现对有限责任公司甲的绝对控制，需要持有三分之二以上表决权。

2. 间接控制

间接控制是指搭建两层或多层股权架构，每一层都持有优势股权比例，实现对目标企业的控制。

比如，如果公司章程或股东间没有进行特别的约定和安排，某企业的创始人股东 A 拥有企业 B 的控制权，企业 B 拥有企业 C 的控制权，股东 A 通过控制企业 B 进而控制目标企业 C，这就是取得目标企业控制权的一种间接控制方式。如果以通过重大事项的表决为目标，间接股权控制每一层都需要持有三分之二（66.7%）以上的表决权，那么实际上股东 A 可以通过 44.5%（66.7%×66.7%）以上的表决权，间接控制目标企业 C，见图 4-1 所示。所以间接控制的股权架构，可以用相对较少的资金控制较多的资产。

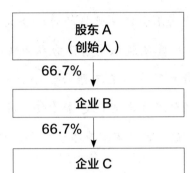

图 4-1　间接控制示意图

（四）合伙企业的股权架构

合伙企业中的普通合伙企业，合伙人对合伙企业的债务承担无限连带责任，股权架构比较简单。这里重点分析一下合伙企业中的另外一种类型——有限合伙企业的架构。

有限合伙企业通常由两类合伙人构成，即普通合伙人（GP）和有限合伙人（LP）。在这种结构中，普通合伙人对公司的债务负有无限的连带责任，在承担债务方面没有上限；相反，有限合伙人的债务责任是有限的，其责任受到其认缴出资额的限制。

一个有限合伙企业必须至少包括一个普通合伙人，而有限合伙人不参与企业事务管理，也不代表企业对外行事。实际上，有限合伙人的角色主要是出资并分享企业的利润，而普通合伙人则负责管理企业的日常事务。总的来说，有限合伙企业的控制权通常由普通合伙人拥有和行使，而有限合伙人在管理企业方面具有有限的权力。这种结构的好处在于允许投资者以有限的风险参与企业，并由经验丰富的普通合伙人来管理和运营企业。举例说明如下。

【例 4-3】

创始人股东 A 为有限合伙企业 B 的普通合伙人（GP），持有该企业 1% 的财产份额；其他股东为有限合伙人（LP），持有该企业 99% 的财产份额。虽然股东 A 在有限合伙企业 B 中只持有 1% 的财产份额，但对企业的债务承担无限连带责任。另外，不管股东 A 持有多少比例的财产份额，其都拥有有限合伙企业 B 的 100% 表决权。

在有限合伙企业实务中，创始人股东拟设立一家目标公司，先搭建有限合伙企业作为持股平台，即创始人股东直接持股拟设立有限合伙企业，再由持股平台间接持有目标公司，实现间接控制目标公司和风险隔离这双重目的。可见，有限合伙股权架构的设定，可以让创始股东以相对较少的出资额及风险实现控制目标公司的经营决策权。

比如，创始人股东 A 为有限合伙企业 B 的普通合伙人（GP），其他股东为有限合伙人（LP），有限合伙企业 B 作为股东控制目标公司 C。其基本架构可简化为如图 4-2 所示架构。

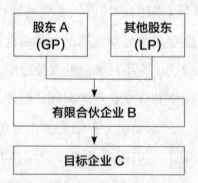

图 4-2　有限合伙企业股权架构示意图

再拓展来说，创始人可以视情况考虑约定"同股不同权"或者"一票否决权"，但这样做有两个条件：一是仅限于有限公司，二是要所有股东同意。新公司法提出的类别股（适用于上市股份有限公司）和类 AB 股制度（适用于有限责任公司）本质就是同股不同权，即把公司的股份分为 A 类股和 B 类股（有的还有 C 类股），将持股比例与表决权分离，创始人持有少数股权，但拥有多数表决权，从而实现创始人对公司的控制。也就是，创始人拥有 34% 的股权，就拥有通常所说的一票否决权。

（五）建立决策机构——董事会

董事会是有限责任公司的决策机构，有限责任公司的重大经营决策通常都是由董事会来决定的。董事会表决时，过半数董事投赞成票则通过决议。董事会的议事方式和表决程序，除本公司有规定的外，由公司章程规定。控制了董事会就控制了公司的经营权。

当小公司的规模扩大到一定程度就要考虑成立董事会。另外，如果有限责任公司的股东很多，为了处理各股东的关系，也需要成立董事会；或者有限责任公司虽然不大，股东也不多，但是希望借助外脑健康发展，也要成立董事会。

小公司成立董事会时，董事人数的选择是一个需要谨慎考虑的问题。如果董事会的成员过多，可能会导致决策过程变得复杂，影响迅速达成共识。相反，如果董事会成员太少，可能难以涵盖必要的知识、技能和经验，从而影响对公司的有效管理。

此外，董事会的席位应该与每位股东持有的股份相对应，这意味着股东在董事会中的投票权应该与其在股东会中的投票权大致匹配。如果这两者之间存在显著差距，可能导致一些股东失去一部分权力，而其他股东获得额外的权力，从而导致权力与责任不平衡。

因此，董事会的构成需要在决策效率和代表性之间寻找合适的平衡点，以确保企业的管理和决策过程既高效又公正。

如果从董事会的决策机构实现控制权来看，还有一种相对控制的，即过半数的相对控制权。这种相对控制权指的是权力控制的标准是过半数的相对控制。这意味着，如果一个特定方在董事会中拥有超过一半的股东支持或代表，他们就拥有对企业的决策权，因为他们在董事会中拥有足够的支持来影响或决定企业的决策方向。这种相对控制权可以在企业决策层面施加重大影响。

 通过股权架构进行税务筹划

如果小公司需要设立股权架构，可以和税务筹划结合在一起。在股权架构设计中，税务筹划主要是从所得税入手：一是要对企业所得税进行考虑；二是要对小公司股东个人所得税的税务筹划[1]进行考虑。和股权有关的收益分为股息、红利[2]所得和股权转让所得。

企业组织形式不同，所得税税率不同，如表 4-3 所示。

---

[1] 庄炎国. 新会计准则下民营企业税务管理与筹划的影响研究 [J]. 中国产经，2020（19）：71-72.
[2] 按照一定的比率派发的每股股息金称为股息；根据公司、企业应分配的超过股息部分的利润，按股份分配的称为红利。股息、红利，合称为股利。

表4-3 企业组织形式的所得税税率

企业组织形式	法律形式	收益内容	所得税类型	所得税税率
有限责任公司 股份有限公司	法人	应纳税所得额	企业所得税	25%
	法人	股息、红利所得	个人所得税	20%
合伙企业 个人独资企业	非法人	股权转让所得	个人所得税	20%
	非法人	生产经营所得	个人所得税	5%~35% 超额累进税率

（一）股息、红利所得

按照我国的相关法律规定，企业给股东分红是需缴纳所得税的（不考虑特定情形下的核定征收）。

1. 自然人直接持股架构

利用本节的有限责任公司的股权架构，对自然人直接持股架构下的所得税缴纳情况举例说明如下。

【例4-4】

股东 A 直接持股有限责任公司甲，在甲公司盈利的情况下，股东 A 从甲公司获取收益的过程中，需要被扣缴的所得税为两部分，一部分是甲公司形成净利润需要缴纳 25% 的企业所得税，另一部分是股东 A 获得股利（《个人所得税法》规定，个人股东对公司的税后利润进行分配的，应当按照利息、股息、红利所得适用 20% 的税率）需要缴纳 20% 的个人所得税。从甲公司和股东 A 两方的角度出发，所得税税负计算方法如下。

①甲公司缴纳 25% 的企业所得税；

②甲公司利润剩余的 75% 进行股息分红，股东 A 需承担的税负 =75%× 个人所得税税率 20%=15%；

③所得税税负一共为：25%+15%=40%

2. 通过有限责任公司间接持股架构

继续利用本节的有限责任公司的股权架构，对通过有限责任公司间接持股架构举例说明如下。

【例 4-5】

以图 4-1 的间接控制（持股架构）为例，股东 A 设立企业 B，企业 B 对外投资企业 C，在年度结算时，企业 C 向其股东企业 B 进行分红，企业 B 获得的分红收入为免税收入（《企业所得税法》规定，符合条件的居民企业之间的股息、红利等权益性投资收益为免税收入。但是，持有上市公司流通股不到 12 个月的需要缴税），原因在于此部分分红在企业 C 计算经营收益时已经被扣缴了 25% 的企业所得税。

如果股东 A 打算把分红收益放在其设立的企业 B，那么，所得税税负一共为企业 C 自身的企业所得税 25%，和上例相比，少了 15% 的个人所得税部分。

那么只有最终向股东 A 分红时，才需要扣缴 20% 的个人所得税，这意味着股东 A 可以将企业 B 作为一个"蓄水池"，暂时将分红留在企业 B 中。

相对于自然人直接持股架构，通过有限责任公司间接持股在纳税方面具有优势，可起到延迟纳税的作用，因为该股息、红利是企业所得税的免税收入，只有给个人股东分配时，才缴纳个人所得税。

3. 通过合伙企业间接持股架构

以图4-2有限合伙企业股权架构为例，看一下股息、红利所得的税负情况。

合伙企业不是"居民企业"，不符合分红收入免税的规定。根据规定，合伙企业对外投资分回的股息、红利，不并入企业的收入，而应单独作为投资者个人取得的股息、红利所得，按"利息、股息、红利所得"应税项目计算、缴纳个人所得税。从计算结果来看，和自然人直接持股架构所计算的税负相同。

（二）股权转让所得

继续沿用上述股息、红利收益计算所得税的资料，对股权转让收益在不同股权架构下的税负情况举例说明如下。

1. 自然人直接持股的股权架构

自然人持股需要考虑的所得税为个人所得税。

股东A直接持股有限责任公司甲，那么股东A转让股权所得需要缴纳20%的个人所得税（《个人所得税法》规定，财产租赁所得、财产转让所得和偶然所得，适用比例税率，税率为20%）。

2. 通过有限责任公司间接持股的股权架构

以图4-1的间接控制（持股架构）为例，需要考虑的所得税有企业所得税和个人所得税。

①企业 B 出售其投资的企业 C 的股权获得的所得，需要缴纳 25% 的企业所得税。

②但是如果想要实现和上例一样的效果，即股东 A 要拿到企业 B 出售股权所得，需要企业 B 将出售股权所得剩下的 75% 的税后利润以分红的形式给股东 A，该分红要缴纳 20% 的个人所得税。75% 的税后利润乘以 20% 的税率，等于 15% 的税负。

③也就是说，企业所得税 25%+ 个人所得税 15%，整体税负高达 40%。

要拿到股权转让所得，在自然人直接持股的股权架构下，需要缴纳的税负为 20%，通过有限责任公司间接持股的股权架构下，需要缴纳的税负为 40%。

3. 通过合伙企业间接持股的股权架构

沿用图 4-2 有限合伙企业（不属于创业投资企业）股权架构，看一下股权转让时的税负情况。

企业 B 转让其投资的企业 C 的股权，如果企业 B 是合伙企业，则没有企业所得税，而是以每一个合伙人为纳税义务人，合伙企业的合伙人是自然人的，缴纳个人所得税，则合伙人股东 A 缴纳个人所得税。根据《关于个人独资企业和合伙企业投资者征收个人所得税的规定》，个人独资企业和合伙企业每一纳税年度的收入总额减除成本、费用以及损失后的余额，作为投资者个人的生产经营所得，比照个人所得税法的"个体工商户的生产经营所得"应税项目，适用 5%~35% 的五级超额累进税率。假设该股权收益高于 50 万元，那么企业 B 应按照适用的 35% 的税率，为合伙人股东 A 代扣代缴个人所得税。

需要说明的是，如果是股东 A 直接对外进行权益投资，则属于自然人股东的股权，如果将这部分股权对外转让，应根据《股权转让所得个人所得税管理办法（试行）》的规定，个人转让股权，以股权转让收入减除股权原值和合理费用后的余额为应纳税所得额，按"财产转让所得"缴纳个人所得税，适用 20% 税率计算、缴纳个人所得税。

由对比可见，三种股权架构下，股权转让时的税负明显不同。股权架构由股权战略决定，如果股权战略为长期持有，可以考虑搭建持股公司间接架构，享受股息、红利收入免税优惠政策，只有在股息、红利分配给个人股东时才缴纳个人所得税。如果股权战略为卖股套现，可以考虑搭建个人持股直接架构，税负最低。

小公司在实际搭建股权架构时，税务筹划仅仅是所要考虑的因素之一，还要结合控制权、商业模式及发展战略等因素进行综合考虑。

财税管控视角下的财会机构搭建

 搭建一个高效的财会机构

小公司合理设置财会机构，有利于促进财务部门与其他各部门的沟通，形成高效的财务执行力。不同规模、不同管理方式及不同类型的小公司，设置的财会组织结构会有所不同。财务人员是小公司的核心人员，小公司应该合理设置财务人员的岗位。

（一）财会机构的设置

一般认为，财务执行筹资、调节、投资、分配、管理等方面的具体职能；会计执行核算和监督职能。小公司的财会机构既要满足财务职能，又要满足会计职能，通常有两种模式：一种是"财会合一"模式，另一种是"财会分设"模式。

"财会合一"模式即会计机构和财务机构合二为一，机构中配置专职会计人员并指定会计主管人员，由会计主管全面负责会计核算和财务管理工作。这种模式设置成本偏低，财务岗位的设置也往往比较简单，目前我国多数小公司采取此种形式。

"财会分设"模式有助于提升小公司的财务管理水平，通常更适用于中大型企业。这种模式的机构可以这样设置：第一个层次是设立财务总监职位，由财务总监负责组织和领导企业的财务会计工作；第二个层次是设立会计部和财务部，这两个部门分别负责会计核算和财务管理等工作；第三个层次则是在会计部和财务部内设置不同的岗位，并明确各个财会岗位的职责和权限。

经济业务数量少且交易简单的小公司，可以委托经批准设立从事会计代理记账业务的中介机构代理记账，或者在有关部门设财会组织，并配备相关人员。单独设置了财会机构的小公司，可以采用"财会合一"模式，有利于财务管理和会计核算的协调配合，但要克服"重会计核算轻财务管理"的弊端，如果条件许可，小公司可设置会计主管，加强财务管理工作。

（二）会计岗位的设置

按照《会计基础工作规范》的规定，各单位应当根据会计业务需要设置会计岗位。会计岗位一般有会计机构负责人或会计主管岗、出纳岗、会计核算岗、总账报表岗、会计稽核岗和会计档案管理岗。会计主管岗负责整个财务部门的工作；出纳岗负责与货币资金相关的工作；会计核算岗负责记账凭证、明细账工作；总账报表岗负责总账、财务报表编制及纳税申报工作；会计稽核岗负责企业财务审核工作；会计档案管理岗负责企业会计档案的保管、移交、销毁等工作。

因为机构设置的模式不同，会计岗位可以一人一岗、一人多岗或者一岗多人，但出纳人员不得兼管审核、会计档案保管和收入、费用、债权债务账目的登记工作。

小公司根据实际工作的需要，设置单独财会机构的，一般应采用集中核算的形式，由专人担任出纳岗，设置至少 2 人的财务相关岗位。可以由一人兼任会计机构负责人或会计主管岗、会计核算岗和总账报表岗，可以由一人兼任会计稽核岗和会计档案管理岗。有条件的小公司，会计人员的工作岗位应当有计划地进行轮换。比较典型的小公司财会机构结构如图 4-3 所示。

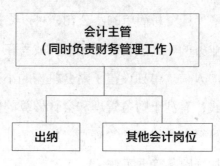

图 4-3　小公司财会机构结构图

 财会机构在财税管控中的作用

小公司的财会机构除了承担会计核算的职能，还负责成本控制、财务预算等财务管理工作和税务筹划工作，是小公司整体运营和管理中的一个重要环节。小公司的财会机构要发挥以下几方面的作用。

1. 要将财会机构定位为小公司的"大财务"，实现业财融合

小公司需要一个什么样的财会机构呢？

首先，财会机构负责会计核算，确保小公司的财务记录准确无误，为小公司的财务状况提供可靠的数据支持。由本书第二章的内容可知，会计核算通过记录和反映各项经济业务而完成财务报表编制工作，为小公司的投资者和管理者提供了解小公司财务状况和经营业绩的清晰途径。

其次，财会人员不仅仅是会计核算的执行者，还是公司决策的重要参与者和战略执行者，需要超越财务部门，深入了解业务部门的工作内容和业务流程，收集相关信息和数据，并进行分析和解读，为小公司管理层提供全面的决策支持和合理化建议，要将财会机构

定位为"大财务"，这样更有利于实现业财融合。

　　小公司财会机构的岗位和人员有限，更应当让财会机构成为"大财务"，实现人力资源效能最大化。

2. 做好财会机构岗位的职能设置，实现高效管控

　　小公司财会机构的设置无论是"财会合一"模式还是"财会分设"模式，都既要满足会计职能，又要满足财务职能。如果财会机构岗位的职能设置不规范，有可能引发机构内部的一些舞弊行为，包括出现一些不相容职能；也可能造成公司一些内控流程缺失，例如采购是否有票，是否开具了增值税票，开具的税率是否正确都无法得到保证。另外，如果财会机构岗位职能设置不规范，有可能导致一些职能缺失，很容易引发财务风险和税务稽查风险，例如现金折扣政策下应付账款不及时支付而丧失的折扣，或者对于一些长期挂账的应收款不及时催讨，都会对小公司的生产经营带来很大的影响；又例如享受了税收优惠，但相关资料缺失，有可能被税务机关要求补缴相应的税款；等等。

　　本书整理了财会机构设置岗位时可以考虑的一些职能，见图4-4。

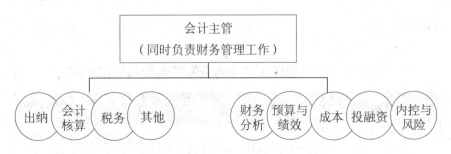

图4-4　小公司财会机构设置岗位时可以考虑的职能

需要注意的是，在设置岗位职能时要实施不相容职务分离。所谓不相容职务，是指那些如果由一个人担任，既可能发生错误和舞弊行为，又可能掩盖其错误和舞弊行为的职务。不相容职务分离的关键在于"内部牵制"，也就是小公司的每项经济业务都要经过两个或两个以上的部门或人员处理，财会机构的个人或部门的工作必须与其他人或部门的工作相一致或相关联，并受其监督和制约。

3.财会机构完善财务管控制度和流程建设，实现稳健管控

合理的财务管控制度和流程是财会机构有效进行财税管控、确保小公司财务稳健运作的基础。例如，财会机构负责资金预算和资本成本控制等工作，那么，首先，财会机构要根据公司的经营情况和市场需求制定资金预算，合理安排资金使用，避免出现资金短缺或浪费现象；其次，财会机构要结合资金预算，通过合理控制融资成本，确保小公司的资源得到有效利用，并确保较低的资金成本。财务管控制度建设是为财务管理流程提供框架和依据，规定流程的基本要求和操作程序、方式，为流程顺利实施提供保障。

小公司财会机构参与财务管控流程建设的内容见表4-4。与税务筹划相关的内容见本书第三章，其他管控内容在随后的几章中分别讲述。

表4-4　小公司财会机构参与财务管控流程建设的内容

项目	流程	作用
税务筹划	包括确定目标、收集信息、制定筹划方案、实施方案、进行合规检查以及持续改进等环节	合理规划税务活动，降低税负风险，提高税收的合规性，从而有效达成财务目标

续表

项目		流程	作用
利润和成本管控		涉及利润和成本的预算、核算、分析和控制等环节	可以控制成本支出，提高生产效率，降低生产成本，提高小公司的利润
投融资管理	融资管理	制订融资计划、分析融资决策、实施与调整融资方案、分析融资管理	可以合理筹集和运用资金，确保小公司的资金周转和偿付能力，降低资金风险，保障小公司的投资收益
	投资管理	制订投资计划、进行可行性分析、实施过程的控制以及投资后评价	
营运资金管理	现金管理	包括制定最佳现金持有量、制定合理的现金预算、评价现金管理效率等环节	确保小公司资金充裕和流动性稳定
	应收账款管理	包括分析持有的成本、制定应收账款管理政策、评价应收账款管理效率等环节	通过加强对客户信用状况的评估和监控，提高账款回收效率，降低坏账风险
	存货管理	包括分析存货的成本、确定存货成本管理方法、评价存货管理效率等环节	降低存货成本和风险，提高资金利用效率
预算管理		涉及预算的编制、执行、考核等环节	可以合理规划资金的使用，控制成本支出，提高资金利用效率，以有效达成财务目标

第五章

小公司经营时如何做好利润管理

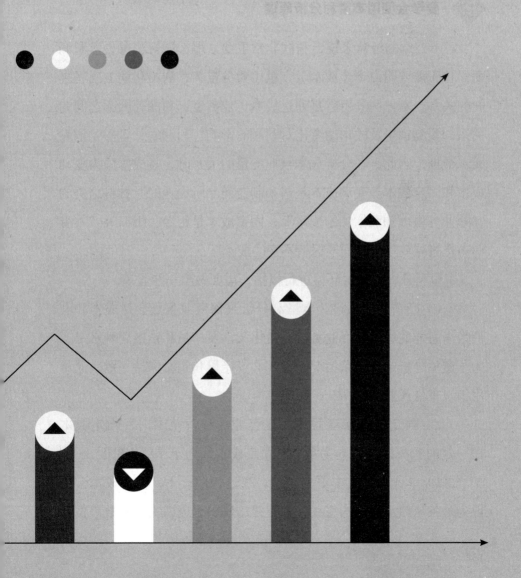

要学会使用本量利分析原理

对于公司的经营来说，利润非常重要。那么如何获得更多利润呢？首先需要明白本（成本）、量（业务量）、利（利润）三者之间的关系。本量利分析就是通过成本、业务量、利润等因素之间的关系，预测销量及成本的变化对利润的影响。利润的计算需要依赖成本数据，因此，在分析成本与业务量的关系时，将成本分为变动成本和固定成本。变动成本是诸如制造商品所消耗的原材料之类的"随业务量增加而增加的成本"；固定成本是租金、折旧等"不受业务量增减变动影响而能保持不变的成本"。

本量利分析需要对环境进行概括，需要做出一些假设。

（1）产销平衡假设。本量利分析是探究业务量会对成本和利润带来怎样的影响，而业务量的变化又涉及产量和销量两种水平，为了避免分析中的复杂情况，通常假设产量和销量保持一致，通常用销量来替代业务量。

（2）固定成本不变假设。在企业的经营范围内，固定成本在一定的业务量范围内为常数，固定成本线为水平线，见图5-1。

（3）单位变动成本不变假设。在这种假设下，变动成本会表现为一条从原点出发的直线，该直线的倾斜程度取决于常数单位变动成本的数值大小，见图 5-1。

（4）单位售价（简称售价）不变假设。售价不变时总收入会表现为过原点的直线，直线的倾斜程度取决于售价的高低，见图5-1。

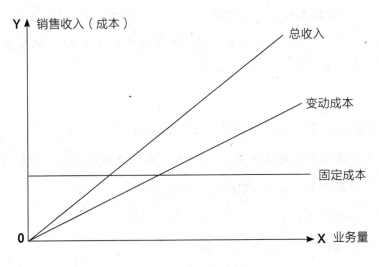

图 5-1　收入成本图

小公司生产规模小、产品品种结构简单，就单一产品来说，小公司的利润计算公式如下：

$$利润 = 销售收入 - 变动成本 - 固定成本$$

此公式可转化为如下公式：

$$利润 = 售价 \times 销量 - 单位变动成本 \times 销量 - 固定成本$$

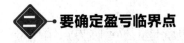 **要确定盈亏临界点**

盈亏临界点就是使利润等于零的销售量或销售额，即：

$$销售收入 = 变动成本 + 固定成本$$

这里还涉及一个新的盈利概念——贡献毛益。贡献毛益是扣减变动成本后的销售收入为公司盈利所做的贡献。贡献毛益与贡献毛益率的计算公式如下：

$$贡献毛益 = 销售收入 - 变动成本$$

$$贡献毛益率 = （销售收入 - 变动成本）÷ 销售收入$$

$$= （单位售价 - 单位变动成本）÷ 单位售价$$

举例看看贡献毛益率如何计算。

【例5-1】

某产品本月销售收入是10,000元，单位变动成本总额4000元，所以本月的贡献毛益是6000元，贡献毛益率是60%。

盈亏临界点公式还可以演变为：

$$盈亏临界点销量 = \frac{固定成本}{单位售价 - 单位变动成本}$$

$$盈亏临界点的销售额 = \frac{固定成本}{单位售价 - 单位变动成本} × 单位售价$$

$$= \frac{固定成本}{贡献毛益率}$$

还可以计算盈亏临界点的作业率，也就是指盈亏临界点销售量占企业正常销售量的比例。正常销售量是指在正常市场条件和正常生产运营情况下产品的销售数量。该指标有两个重要作用：可以反映小公司的保本业务量占正常业务量的比例；可以反映小公司在保本状态下充分利用其生产经营能力的程度。

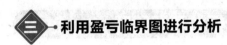

利用盈亏临界图进行分析

盈亏临界图是在直角坐标系内，销售收入线（总收入线 Y_1），总成本线（ Y_2 ）、坐标系中横轴表示业务量、纵轴表示成本和收入，总成本线与总收入线的交点就是盈亏临界点（BEP），如图5-2所示。

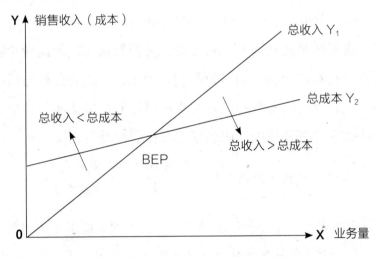

图 5-2　盈亏临界图

综上所述，小公司获利的多少取决于收入与成本之间的对比，结合贡献毛益的概念可知，只要单位售价高于单位变动成本，固定成本就会逐渐得到补偿，超过固定成本的部分会形成利润。盈亏临界点的具体位置则由固定成本、单位变动成本、单位售价共同决定。那么在实际业务中，小公司在接单时，应该根据订单量计算产品报价，盈亏平衡价格是底价。

基于本量利分析的利润管理

如何测算目标利润

实际经营中，小公司所设立的目标利润既可以是某一盈利目标值，也可以是达到保本或者控制住亏损的状态，因此盈亏临界点也可以被看作是特殊的目标利润。如果将本量利分析与目标利润相结合，就可以得到小公司想实现目标利润应达到的销量或是销售收入等。在分析中，应当建立目标利润模型，即：

$$实现目标利润的销售量 = \frac{目标利润 + 固定成本}{单位产品贡献毛益}$$

该模型表明，小公司产品销售在补偿了固定成本（达到盈亏临界点）后，需要怎样的销售量才能实现目标利润。

实现目标利润所需的条件

根据目标利润模型可以看出，小公司的经营利润是由多种因素共同作用决定的。小公司可以利用减少固定成本、减少变动成本、提高售价、增加产销量等单项措施，以实现特定利润。

影响利润的诸因素是相互关联的，为了提高产量，往往需要增加固定成本，与此同时，为了把产品顺利地销售出去，有时又需要降低售价或增加广告费等固定成本。因此，小公司很少采取单项措施来提高利润，而大多采取综合措施以实现目标利润，举例说明如下。

【例 5-2】

甲公司想通过一些措施将利润提高 50%。甲公司原来的利润水平是 100 万元，具体数据见表 5-1。

表 5-1 甲公司原方案利润计算表

销售收入		100 万件 ×10 元 / 件 =1000 万元
总成本	变动成本	100 万件 ×6 元 / 件 =600 万元
	固定成本	300 万元
利润		100 万元

方案一：降价 10%，产量为 150 万件

甲公司有剩余的生产能力，可以进一步增加产量。但是如果产量增加，保持原来的产品售价，销路受到限制，可能会造成库存积压。在产量增加的前提下，为了实现销售量的增加，甲公司拟降价 10%，采取薄利多销的方针。销售部门认为，降价 10% 后可使销量达到 150 万件，生产部门也可以将其生产出来，这种情况下，目标利润 150 万元是否可以实现？

表5-2　方案一利润计算表

销售收入		150万件×9元/件=1350万元
总成本	变动成本	150万件×6元/件=900万元
	固定成本	300万元
利润		150万元

从表5-2可以看出，方案一刚好可以实现提高利润50%的目标。

方案二：降价10%，产量为130万件，将单位变动成本降为5元

假设销售部门认为，降价10%后只能使销量增至130万件。为了实现目标利润，在降价10%的同时，生产部门认为，通过降低原材料和人工成本，可使单位变动成本从6元降至5元。这种情况下目标利润150万元是否能够实现？

表5-3　方案二利润计算表

销售收入		130万件×9元/件=1170万元
总成本	变动成本	130万件×5元/件=650万元
	固定成本	300万元
利润		220万元

从表5-3可以看出，方案二不仅可以实现提高利润50%的目标，而且其利润超过方案一的利润。

三　敏感性分析

本量利分析中各因素可以单一变动，也可以共同变动，而当各因素的变动超过一定范围时，小公司的利润状态可能发生质变，即利润状态可能从盈利转为亏损，这时就需要进行本量利的敏感性分析。

假设在保持其他因素不变的情况下（在这个假设下的敏感性分析属于单因素敏感性分析），根据本量利分析的公式，可以求得单位售价变化的最低限度（或单位变动成本的最高限额、固定成本的最高限度）。

单位售价变化的最低限度 = 单位变动成本 + 固定成本 ÷ 销售量

单位变动成本的最高限额 = 单位售价 - 固定成本 ÷ 销售量

固定成本的最高限度 =（单位售价 - 单位变动成本）× 销售量

可见，当其他因素不变时，分析价格因素、产量销量因素及成本因素对利润的影响，以及这些因素之间的关联关系，可以有效监测小公司的利润水平，实现目标利润的达成和管控。

在小公司利润为正的情况下，当上述相关因素超过临界点时，利润便会转为负值。利润受售价、单位变动成本、固定成本和销售量等因素的影响，但各因素对利润的影响程度不同，即利润对各因素的敏感程度不同，而这种敏感程度可以用敏感系数来度量。

敏感系数 = 利润变动百分比 ÷ 某因素变动百分比

若敏感系数为正，则说明该因素与利润变动方向一致；反之，则变动方向相反。敏感系数越大，说明该利润对于该因素变动的敏感程度越强。确定敏感系数有利于小公司在决策时分清影响利润的主次因素，采取正确措施，保证目标利润的完成。举例说明如下。

【例5-3】

沿用表5-1的数据，确定甲公司在目标利润管控决策时的关键因素，假设利润变动百分比提高50%，具体的相关因素的敏感系数见表5-4。

表5-4　甲公司利润敏感性分析计算表

销售量敏感系数	$\dfrac{50\%}{(112.5-100)\div100}=4$
单位售价敏感系数	$\dfrac{50\%}{(10.5-10)\div10}=10$
单位变动成本敏感系数	$\dfrac{50\%}{(5.5-6)\div6}=-6$
固定成本敏感系数	$\dfrac{50\%}{(250-300)\div300}=-3$

甲公司可以根据敏感性因素对企业的影响程度，制定企业生产经营决策方案。首先是价格策略，售价的敏感系数最大，价格的升降对利润的影响最显著，价格上涨时，能不能保持销售量，是实现目标利润的关键；其次是单位变动成本，其敏感系数仅次于售价，因此，降低单位成本对目标利润的实现具有较为重要的作用；然后是销售数量策略，销售量增加会增加企业的利润，但前提是降价幅度不能过大，因为售价的敏感程度大于销量的敏感程度。在经营中，甲公司可以采取相关措施对这些因素进行控制，才能达到企业的预期经营目标。

基于目标利润的成本控制方法

 企业应用成本管理工具方法的一般程序

企业应用成本管理工具方法主要按照事前管理、事中管理和事后管理的程序进行。

图5-3　企业应用成本管理工具方法的一般程序

为了提高对利润的管理与控制，在本量利分析的基础上利用目标利润模型，可以强化对固定成本和单位变动成本的控制。尤其是小公司主要依靠节约的方式降低成本，应把成本控制放在财税管控的首位。

 成本控制的基础工作

成本控制首先要从以下两方面的基础工作做起。

1. 定额制定

定额是企业在特定的生产技术水平和组织条件下，各种资源的消耗达到的数量界限。此外，定额还是成本预测、决策、核算、分析和分配的主要依据，对于成本控制至关重要，特别是小公司，更加需要重视。

2. 标准化工作

标准化工作是现代企业管理的基本要求，特别是在成本控制方面，即使是小公司也需要借鉴现代企业管理经验。标准化工作包括计量标准化、价格标准化、质量标准化和数据标准化。这四个标准的建立，有助于推动小公司在生产经营活动和各项管理工作中实现合理化、规范化和高效化，是小公司成功进行成本控制的基本前提。

小公司通常拥有有限的资源和面临竞争激烈的市场环境，因此需要更加严格地控制成本，以保持竞争力。目标成本法可以帮助小公司设定合理的目标成本，从而引导小公司在生产和经营过程中严格控制成本，以确保产品或服务的盈利能力。接下来重点介绍一下成本管理工具方法中的目标成本法。

三 目标成本法的含义和应用环境

目标成本法，是指企业以市场为导向，以目标售价和目标利润为基础确定产品的目标成本，从产品设计阶段开始，通过各部门、各环节乃至与供应商的通力合作，共同实现目标成本的成本管理方法。

目标成本的测算是由目标售价和目标利润倒推出来的。这里会出现市场容许成本这一概念，它是指目标售价减去目标利润之后的余额。

$$市场容许成本＝目标售价－目标利润$$

目标成本法侧重于在产品生命周期的早期阶段进行成本管理。这种管理方式将成本控制的重点从生产阶段转移到了产品设计和规划阶段，以确保在产品规划、设计和开发阶段就考虑到成本因素，从而更好地控制产品的整体成本。那么，具备什么样的外部条件和内部条件的小公司，才能更好地实施目标成本法呢？目标成本法的应用环境见表5-5。

表5-5　目标成本法的应用环境

外部条件	一般来说，企业生产的产品应当处于一个相对成熟的买方市场，其中产品的设计、性能、质量、价值等方面呈现出明显的多样化特征
	能够及时、准确地提供产品售价、成本、利润，以及性能、质量、工艺、流程、技术等方面的信息
内部条件	以提升顾客价值为前提，通过降低成本或优化成本，谋求产品在竞争中的成本优势，以确保实现目标利润
	设立跨部门组织，负责目标成本的制定、计划分解、相关任务的下达与考核，并建立相应的工作机制，有效协调有关部门之间的分工与合作
	能及时、准确地取得目标成本计算所需的各种财务和非财务信息

四　目标成本法在小公司的应用

目标成本法的主要内容包括：目标成本的设定、目标成本的分解、目标成本的落实、目标成本的分析与考核。目标成本法的应用流程见图 5-4[①]。

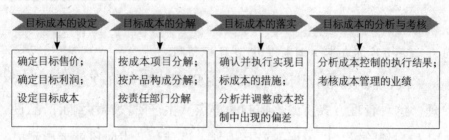

图 5-4　目标成本法的应用流程

小公司通常采用职能式[②]的组织结构来进行成本管理，这种管理方式类似于成本维持，是一种在生产过程中控制成本的事中成本控制体系。下面针对小公司的特点，对目标成本法的应用策略进行阐述。

1. 目标成本的设定

目标成本的设定是一个策略性的过程，通常包括以下步骤，见表 5-6。

表 5-6　目标成本设定的一般步骤

设定目标售价	从市场的角度综合考虑客户感知的产品价值、产品的预期功能和售价，以及企业针对该产品的战略目标等因素，确定目标售价
设定目标利润	对利润预期、历史数据、竞争地位等因素进行综合考虑、分析后确定目标利润，这通常是企业在经济可行性和竞争力之间取得平衡的关键因素

---

① 温素彬，屠后圆. 目标成本法：解读与应用案例 [J]. 会计之友，2020，(18)：150-155.
② 按照财务部、市场部、人力资源部等不同的职能或部门来划分组织结构的一种方法。

续表

比较容许成本与实际成本	将容许成本与新产品的设计成本或产品的实际成本进行比较，确定差异及成因。容许成本是指企业在目标售价和目标利润的基础上可以接受的成本水平
设定目标成本	根据结果比较和成本分析，确定可实现的目标成本。这个目标成本应该是企业能够在目标售价和目标利润下实现的成本水平

在市场预期价格确定的情况下，对选定的技术方案的成本进行对比，并预留一定的毛利率来确定目标成本。目标成本可以用图 5-5 所示的方式测算出来。

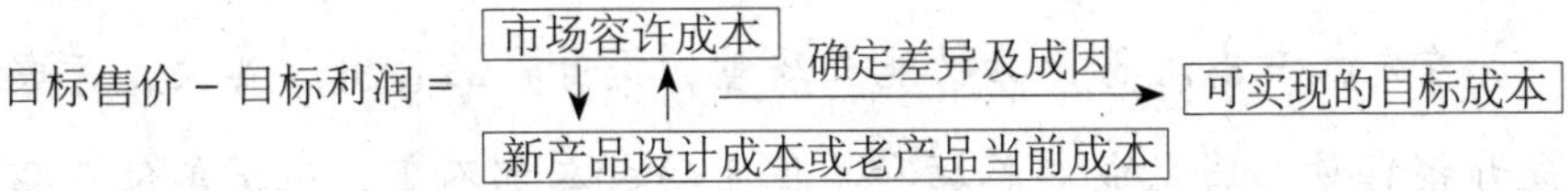

目标售价 − 目标利润 = 市场容许成本 / 新产品设计成本或老产品当前成本 → 确定差异及成因 → 可实现的目标成本

图 5-5 目标成本的设定过程

举例说明如下。

【例 5-4】

甲公司 M 产品的竞争性市场价格为 100 元，企业设定的目标利润为达到 15% 的利润率，那么该产品的市场容许成本就是 85 元，其中，必要的利润率由企业根据收益预期自主确定。该产品当前完工成本的成本为 90 元，那么需要分析 5 元的差异主要存在于哪里，如果可以实现将成本减少 5 元，则确定可实现的目标成本为 85 元。

2. 目标成本分解

将目标成本分解为各个明细项目，如直接材料费、直接人工费、制造费用等。小公司可以结合本量利分析，对目标成本采取这样的控制思路：在本量利分析的前提下，根据产品设定的盈利目标，分析产品的固定成本和变动成本，确定可改善的成本区间，制定具有针对性的、详细的改善方案，策划成本改善项目。举例说明如下。

【例 5-5】

甲公司 M 产品的单位成本需要降低 5 元。可以进行敏感性分析，针对敏感性因素逐一考虑详细的改善方案。

首先，考虑改善产品功能或质量，提升产品售价。其次，考虑提升销售量，固定成本总额和单位变动成本都不变，但是单位产品的固定成本降低；还可以降低单位变动成本，节省材料成本或人工成本。再次，就是降低固定成本总额。

和本量利分析相结合的目标成本分解，重点在于分析通过盈亏平衡点，重新设定目标成本，在产品生产过程中持续改善成本管理，实现产品的市场利润最大化。

3. 目标成本的落实

拟定具备可执行性的成本改善项目，并按改善方向进行分类，分析改善项目推进时的先后顺序，选择见效快、实施较为简单的项目先期开展，以使成本管控快速见效。

目标成本管理涉及多次使用价值工程[①]和其他管理方法。由

---

① 价值工程旨在通过识别和消除不必要的成本，以提高产品或服务的性能、质量和功能，同时降低成本。其核心公式是：价值 = 功能 / 成本。

于目标成本管理主要是在产品设计和规划阶段进行成本估算，所以只有在产品开始批量生产后，才能明确是否能够真正实现目标成本。因此，在批量生产开始后，需要对实际成本进行测定，并采取必要的改进措施，以实现目标成本。

4.目标成本的分析与考核

在成本降低和改善的过程中，一定要坚持对成本改善项目的数据指标进行测量，通过测量数据，对项目的成本指标变化情况进行管控，分析指标出现的异常情况并及时调整，保障目标达成。

根据小公司的成本降低推进的预期方案，在项目周期结束后，对设定了明确改善目标的优选项目，开展必要的成本改善目标达成情况的评价和考核，这既是验证成本降低或改善对于总目标达成的作用，也是为公司下一步的成本改善方案做分析和准备。

第六章

小公司经营时如何做好投融资管理

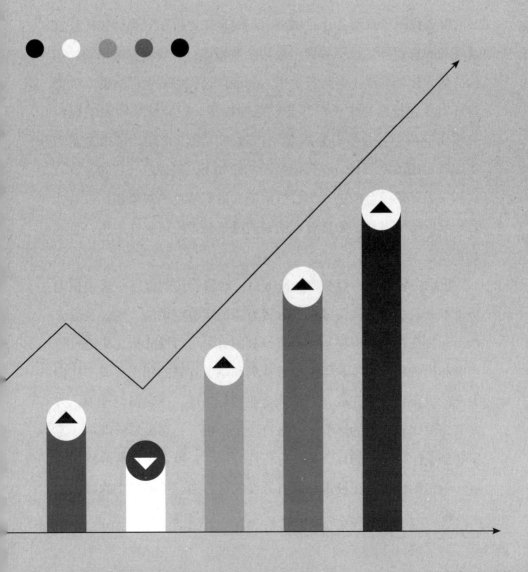

第一节 投融资管理的内容和思路

 投融资管理的内容

根据我国《管理会计应用指引》的定义，投融资管理包括投资管理和融资管理。投资管理，是指企业根据自身战略发展规划，在价值最大化的前提下，将资金投入到运营过程中的管理活动。投资管理对象包括权益性投资和非权益性投资，投资管理所说的投资侧重于非权益性投资，也就是对内投资。融资管理，是指企业为实现既定的战略目标，在风险匹配的原则下，对通过一定的融资方式和渠道筹集资金所进行的管理活动。融资管理的对象包括权益性融资和债务性融资，融资管理所说的融资侧重于债务性融资，也就是负债。

投融资管理的一般程序见图6-1。融资管理的程序一般包括融资计划制订、融资决策分析、融资方案的实施与调整、融资管理分析等；投资管理的程序包括投资计划制订、可行性分析、实施过程控制和投资后评价等。年度投资计划和融资计划的制定一般需结合专门的决策预算来完成，可纳入企业预算管理。在融资管理中，方案实施前比较重要的环节是"融资决策分析"；在投资管理中，方案实施前比较重要的环节是"可行性分析"，投资可行性分析的内容一般包括该投资在技术和经济方面的可行性、可能产生的经济效益和社会效益、可以预测的投资风险、投资得以落实的各项保障条件等，其中，在可行性分析中，效益和风险的分析和决策比较重要。本章的第二节和第三节将重点阐述融资决策和投资决策的方法与应用。

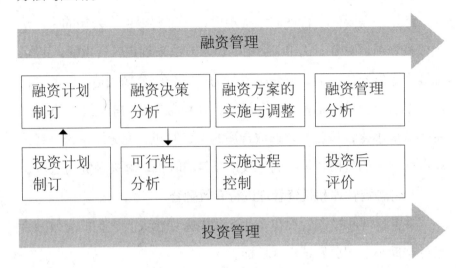

图 6-1　投融资管理的一般程序

 做好投融资管理的思路

1. 做好投融资前的决策分析

决策是现代企业在发展中最为常见的企业行为，而在众多决策行为中，有关投融资活动的决策最为重要，这和投融资活动的地位与作用紧密相关。投资战略是企业财务战略中的主要内容，企业的生产扩张以及业务拓展需要借助投资活动来完成，而融资活动则是企业获取外部资金支持，解决自有资金不足的重要手段，对小公司而言也不例外。

以小公司的融资管理为例，融资活动从融资决策开始，正确的融资决策是后续融资行为实施的前提，错误的融资决策会带来资金链断裂的财务风险。而要确保融资决策正确，需要小公司在以下几个方面进行综合考虑。

首先，需要确定合理的融资规模，一定要根据小公司的生产规模或投资项目对资金需求、使用的技术方法来确定融资规模；其次，需要考虑融资的收益，确保融资行为是能为小公司创造收益的；再次，要选择合理的融资渠道和途径，在获得资金的前提下要保证融资成本最小化；最后，要选取合适的融资时机，充分了解宏观经济状况和国家的货币政策，利用政策倾斜的时机，解决融资问题。

2.将融资管理和投资管理进行有效融合

融资管理和投资管理在企业运营中密切相关，它们的有效融合可以帮助小公司更好地实现目标。

首先，融资管理和投资管理应该在小公司战略规划的基础上进行协调。融资计划和投资计划应该与小公司的长期发展战略相一致，确保资金合理运用和投资有效实施。

其次，融资管理和投资管理要通盘考虑，以确保小公司可以获得所需的资金，并将其投资到最有利可图的项目中。融资计划的制定应考虑投资项目的需求，而投资决策则应考虑融资来源的可行性和成本效益。

再次，融资管理和投资管理之间的信息流通也至关重要。投资管理部门或岗位需要向融资管理部门或岗位提供投资项目的详细信息，以便后者制订相应的融资计划。同时，融资管理部门也需要及时了解投资项目的进展情况，以调整融资方案和策略。

资金成本的含义和作用

资金成本是融资管理的基本依据，在融资决策中起着重要作用。资金成本是指企业为筹集和使用资本而支付的代价，包括筹资费用和占用费用。筹资费用涵盖了小公司在资金筹集过程中的支出，如借款手续费等。占用费用则是指公司在运营中占用资本所支付的成本，例如支付股息和利息。

资金所有权与使用权主体的不一致是形成资金成本的原因，资金成本对于使用者来讲是费用，对所有者来讲则是收益。从会计的角度来看，资金成本归属于财务费用，只与资金的使用相关，与产品的生产没有直接关系。从融资角度来看，不同的融资方案有着不同的资金成本，因此可以通过对资金成本的预判，来筹划融资方案，提高融资效果。

在实际经营中，资金成本既可以作为融资方案比较和选择的基础，也可以用来判断小公司资本结构的合理性。在融资决策分析中，通常使用以下三个概念。首先是个别资本成本，用于衡量各种融资方式的相对优劣。小公司在进行长期筹资时有多种选择，可以将不同筹资方式的个别资金成本作为比较的标准之一。其次是综合资本成本，用于指导筹资组合方案的决策。通常，小公司的长期资金是通过多种方式组合筹集的，因此进行筹资组合的决策时需要考虑综合资本成本和资本结构。最后是边际资本成本，用于比较或考量追加筹资方案的合理性。当公司需要扩大规模或增加投资金额时，选择追加筹资方案时会使用边际资本成本作为比较的依据。

 个别资金成本的计算

个别资金成本是指不同筹资方案所需支付的成本，主要包括债务成本和权益成本等。长期借款和长期债券等债务资金的成本属于债务成本；优先股、普通股和留存收益等权益资金的成本属于权益成本。

资金成本又称为资金成本率，作为相对指标，其基本表达式为：

$$资金成本率 = \frac{年资金占用费}{筹资总额 - 筹资费用}$$

 资本结构的含义

在筹资管理和决策中，资本结构占有重要地位，其有广义和狭义两种。广义的资本结构是指债务与权益之比，狭义的资本结构是指长期负债与股东权益之比，在实际经营中有多种资本结构可供企业选择。

 成本最小化理论下如何选择合适的资本结构

我们常说小公司的目标是利润最大化，在财务活动中追求获得尽可能多的利润，那么也意味着遵循成本最小化的理论，即在适度考虑财务风险的情况下，合理配置资金来源比例，以降低资本成本，从而提高净利润水平。

对小公司而言，资本结构决策可以利用比较资金成本分析法。

比较资金成本分析法是对不同资本结构的加权平均资金成本进行计算，选择加权平均资金成本最低的资本结构。其决策步骤如下：

（1）确定各方案的资本结构；

（2）确定各结构的加权资金成本；

（3）进行比较，选择加权资金成本最低的资本结构为最优结构。

下面通过一个示例来说明这个决策过程。

【例 6-1】

假设甲公司需要融资 1000 万元用于扩大生产和市场推广。它可以通过借款或使用自有的留用利润进行融资。

方案一：全部使用借款

该公司可以获得 3 年期长期借款 1000 万元，年利率 12%，每年付息一次，到期一次还本，不考虑借款的筹集费用，企业所得税税率为 25%。此方案的资金成本为：12%×（1 − 25%）= 9%。

需要说明的是，债务成本的利息在缴纳所得税前列支为财务费用，即债务利息不缴所得税，因此，债务利息引起的企业实际负担为"利息 ×（1 − 所得税率）"。

方案二：使用权益资金

该公司决定不借款，而是发行新股来融资，估计的市场发行价格为每股 20 元。假设甲公司承诺每年支付每股 2 元的股利给股东。这是作为权益资金成本的一部分，因为股东期望获得股利回报。此方案的资金成本为：2÷20×100% = 10%。

需要说明的是，依照股利折现模型，固定股利政策下股票资金成本的计算方法为：每年分配的现金股利 ÷ 发行价格扣除发行费用后的净额。

方案三：债务资金和权益资金混合使用

该公司 1000 万元的融资方案中有 600 万元的债务和 400 万元的股权两种来源。按照方案一取得借款，债务资金成本为 9%，按照方案二发行股票，权益资金成本为 10%。加权平均资金成本为：（债务权重 × 债务成本）+（权益权重 × 权益成本）=（60%×9%）+（40%×10%）=9.4%

比较三种方案，方案一的融资资金成本最低。

五 小公司融资风险管控策略

1. 优化资产和负债的匹配度

尽可能用短期负债应对临时性资金需求，用长期负债应对永久性资金需求，优化资产和负债的匹配度，避免在资金调度方面产生的风险。

2. 提高小公司自身的信用水平

小公司在完善内部的财务制度和财务管理流程的同时，还需要按照现代企业制度对公司进行改进，提高自身的社会信誉，注重小公司自身的守信用意识，提高银行对小公司的信心，进一步降低小公司的融资风险。

3. 建立财务风险预警机制

要利用财务分析中的偿债能力指标，对小公司财务风险程度和状态进行监测，同时建立一个针对不确定事项的风险预警机制，结合小公司未来一段时间的偿债能力、获利能力和资本结构，确定各项相关指标，形成风险预警机制，帮助小公司及时发现融资风险，并进行防范和纠正。

投资决策通常为资本投资决策。小公司为了满足未来生产经营，也需要做出扩建或更新固定资产，开发新项目等方面的投资决策。小公司资金规模有限，因此需要稳健、谨慎地进行投资，不宜盲目开展多元化经营。同时，小公司在决定投资项目规模大小时，要充分考虑筹资能力。

 投资决策应考虑的主要因素

1. 资金成本

资金成本在项目的可行性评价中发挥着重要作用。对于任何投资项目来说，其投资回报率必须高于资本成本率才能在经济上被视为是可行的。因此，资本成本率可以被看作是评估投资项目是否值得进行的最低要求，作为项目决策的关键标准。

2. 资金的时间价值

我们在日常生活中经常能遇到这样的问题：若银行的存款年利率为 5%，将 1000 元存入银行，一年之后我们可以从银行取出多少钱呢？可以通过简单计算，得出这 1000 元一年之后取出的本利和为 1050 元。

通过这样的问题我们可以看出，资金随时间的推移而增值。这就是资金的时间价值概念：在资金的使用过程中，随着时间的推移而发生资金增值。并且资金只有被使用才会发生增值，贮藏资金是不会增值的。

【例 6-2】

若银行的存款年利率为 5%，将 1000 元存入银行，三年之后我们可以从银行取出多少钱呢？假设银行计息方式的不同，来看如下两个方案：

方案一：银行 A（单利计息——只有本金计息）

年初存入 1000 元。

第一年年末获得 1000 元 ×5% = 50 元的利息。

第二年和第三年年末的利息不变，都为 50 元。

三年本利和合计 = 1000（本金）+50×3=1150 元。

方案二：银行 B（复利计息——除了本金，利息也计息）：

年初存入 1000 元。

第一年年末获得 1000×5%=50 元的利息，并将其加入本金，总本金变为 1050 元。

第二年年末获得 1050×5%=52.50 元的利息，并将其加入本金，总本金变为 1102.50 元。

第三年年末获得 1102.50×5%=55.13 元的利息。

三年本利和合计 =1157.63 元。

通过比较两个方案，可以看到，同一笔钱，因为在银行 B 中以复利计息，所以这笔钱的时间价值增长更快，最终总金额为

1157.63 元，而在银行 A 中三年后的总金额为 1150 元。

这个例子凸显了资金的时间价值，同一笔钱，因为利用复利计息，所以在相同的时间内产生更多利息。

因为资金的时间价值，所以不同时间点发生的资金数额只有换算成同一时间点的资金数额才能进行比较和分析。来了解一下资金等值换算中常见的几个概念。

现金流量是投资项目在整个计算期内各个时点上实际发生的现金流入、流出以及流入与流出的差额（又称净现金流量）；P 表示现值，即资金的现在价值；F 表示终值，即资金的将来价值；A 为普通年金，表示一系列等额支付或收益的现金流量；i 表示利率，即每个计息周期的利率；n 表示计息周期的数量。

现值转化为终值的计算公式为：$F = P \times (1+i)^n$

年金转化为终值的计算公式为：$F = A \times [(1+i)^n - 1] / i$

终值转化为现值的计算公式为：$P = F \times (1+i)^{-n}$

年金转化为现值的计算公式为：$P = A \times [1 - (1+i)^{-n}] / i$

一般用 (F/P, i, n) 表示现值转化为终值的折算系数；(F/A, i, n) 表示年金转化为终值的折算系数；(P/F, i, n) 表示终值转化为现值的折算系数；(P/A, i, n) 表示年金转化为现值的折算系数。

既然不同时点的资金数额不能用于相互比较，那么进行投资决策时应怎么办呢？

不考虑风险的投资决策方法

进行投资决策时通常用指标来衡量、比较投资项目的可行性，决策指标包括很多种，适用于小公司的有净现值、投资回收期、会计利润率等。这里重点说说常用的净现值法。

净现值是指在投资项目的整个生命周期中，将每年的现金流量净额之和折算成项目第一年开始时的现值之和。净现值法就是根据投资方案的净现值来评价方案是否可行的决策分析方法。计算公式为：

净现值（NPV）= 未来现金净流量现值 - 原始投资额现值

现金净流量为现金流入和现金流出的合计，原始投资额为现金流出。那么，NPV要求收益形成的现金流入补偿现金流出，现金流出用负号表示，现金流入用正号表示，并将所有将来的现金流量折成现值，计算时需要按预定的年利率对未来现金流量进行折现，预定的年利率是投资时期望的最低投资报酬率，所以，净现值的经济含义为：如果净现值为正，则该投资项目是可行的。

净现值法广泛应用于投资决策中，举例说明如下。

【例 6-3】

甲公司现有 A、B 两个投资方案，假设年利率（又称贴现率）为 12%，相关资料如表 6-1 所示。

表 6-1　甲公司投资方案资料表

方案	投资额（元）	各年现金净流量（元）				
		第 1 年	第 2 年	第 3 年	第 4 年	第 5 年
A	120,000	50,000	50,000	50,000	50,000	50,000

续表

方案	投资额（元）	各年现金净流量（元）				
		第1年	第2年	第3年	第4年	第5年
B	120,000	40,000	50,000	60,000	60,000	40,000

那么需要确定 A、B 两方案的净现值，选出最优方案。

NPV_A=50,000×（P/A，12%，5）－120,000=50,000×3.605－120,000=60,250（元）

NPV_B=40,000×（P/F，12%，1）+50,000×（P/F，12%，2）+60,000×（P/F，12%，3）+60,000×（P/F，12%，4）+40,000×（P/F，12%，5）－120,000=40,000×0.893+50,000×0.797+60,000×0.712+60,000×0.636+40,000×0.567－120,000=59,130（元）

由计算结果可知，A、B 两个投资方案的净现值均大于零。如果这两个方案相互独立，则均可以接受；如果这两个方案互斥，则应选择 A 投资方案，因为 A 投资方案的净现值大于 B 投资方案。

 如何做好投资风险决策

在投资决策中，要想实现小公司的价值最大化，就要处理好风险和收益这对矛盾。这就需要科学地衡量风险，使小公司在获得最大的利益的同时风险最小。

（一）风险估计

主要是利用概率和统计的方法对投资风险进行衡量，可采用以下步骤。

1. 合理预计投资项目出现各种结果的概率

概率，指的是用数字描述一个随机事件可能出现的程度，用"P_i"表示。对投资风险进行衡量时，要确定投资项目在未来可能出现的各种结果，并合理预测各种结果出现的概率。对于概率的预测，不仅要充分考虑过去的因素，还要结合现在所处的经营环境以及将来可能出现的情况。举例说明如下。

【例 6-4】

甲公司为进入新能源汽车领域，需要不断进行产品研发和技术创新，现计划投资 1,000 万元进行新产品研发。根据市场调查分析，预计在未来三种不同市场情况下可以预期的年度收益及其概率分布如表 6-2 所示。

表 6-2　投资项目预期年收益及其概率分布表

市场情况	发生概率	预计年收益（万元）
较好	30%	400
一般	50%	200
较差	20%	100
合计	100%	

概率不仅代表了每种经济条件发生的可能，还代表了预计年收益出现的可能性。比如，当未来经济状况出现繁荣的可能性有 30% 时，投资项目的年收益预计达到 400 万元，也就是说，投资项目有 30% 的概率获得年收益 400 万元。

2.计算投资项目期望收益

期望收益又称预期收益,是指一个投资计划所能产生的多种可能的结果,并以相应的概率为权,由此得出的加权平均值,其通常用符号"$\bar{E}$"表示,其计算公式为

$$\bar{E} = \sum_{i=1}^{n} X_i P_i$$

其中,$\bar{E}$表示期望值;

X_i表示第 i 种可能结果的收益;

P_i表示第 i 种可能结果的概率;

n 表示可能的结果数。

举例如下。

【例 6-5】

继续根据甲公司进入新能源领域的投资项目预计年收益和概率的数据,甲公司对该投资项目的期望收益计算如下:

期望收益 $\bar{E}$ =400×30%+200×50%+100×20%=240(万元)

该投资项目的期望收益为 240 万元,若甲公司目前有多个投资方案可进行选择,则可选择期望收益高的项目进行投资。

3.计算投资项目的标准差

标准差是指一个投资项目各方面的回报与预期回报的偏差程度的总和。在预期收益相同的情况下,一个投资项目的标准差越大,说明该项目的回报与以往的平均值相差越远,回报不稳定,其投资风险也更大。标准差通常用"σ"表示,即 $\sigma = \sqrt{\sum (X_i - \bar{E})^2 \times P_i}$

【例 6-6】

继续根据甲公司进入新能源领域投资项目的预计年收益、概率和期望收益的数据，甲公司该投资项目的标准差计算如下：

$$\sigma = \sqrt{((400-240)^2 \times 0.3 + (200-240)^2 \times 0.5 + (100-240)^2 \times 0.2)}$$
$$=111.36$$

计算结果表明，该投资项目的收益率与平均收益率之间相差111.36，若多个预期收益相同的方案进行比较，应选择标准差更小的方案，其风险更小。

4. 计算投资项目的标准差率

标准差是一个绝对数指标，它反映了投资项目的离散性，仅能用于度量具有相同预期收益的各类投资的风险水平，而对具有不同预期收益的项目，则无法适用。对不同预期收益的项目的风险程度进行比较，还需要利用标准差率这一指标。当投资项目的标准差率较高时，其投资风险也较大。标准差率计算方法为标准差与预期收益之比，用符号 "V" 表示，$V = \sigma / E$。举例如下。

【例 6-7】

继续根据甲公司进入新能源领域投资项目计算出的期望收益和标准差的数据，甲公司投资项目的标准差率计算如下：

$$V = 111.36 / 240 = 46.4\%$$

说明该投资项目要获得 1% 的收益就要承担 46.4% 的风险方差，对于期望收益率不同的项目进行决策时，标准差率小的项目其风险更小。

（二）风险决策

要做出正确的投资决定，小公司不仅要了解其所承担的风险，还要了解回报水平。很明显，在进行投资时，投资者冒了风险就应该得到比时间价值更高的回报，并且承担的风险越大，获得的回报也应当越多。也就是说，获得的回报应该与其所承担的风险成比例。所以，代表风险值的风险收益率也应该和反映风险水平的标准差率成比例。然而，收益标准差率与风险收益率并不完全相同。为了把收益标准差率转化为风险收益率，需要借助另一个参量，即风险价值系数（b）。

风险收益率 = 风险价值系数 × 标准差率

一般风险价值系数是由投资人的风险反感程度决定的，也可以是按照国家的相关标准来决定的。风险值系数与投资者的风险偏好有关，越是对风险反感，其值就越大；反之则越小。最后，投资收益水平由无风险收益率和风险收益率组成。

投资收益率 = 无风险收益率 + 风险价值系数 × 标准差率

包含风险的投资决策的主要步骤如下：

（1）计算应得风险收益率

风险收益率 = 标准差率（V） × 风险价值系数（b）

（2）计算预测风险报酬率

预测风险报酬率 = 预测投资收益率 − 无风险报酬率

预测投资收益率 = 预测收益额 / 投资额

将应得的风险收益率与预测风险报酬率进行对比，完成对投资方案的风险评估决策。如果测算出预测风险报酬率高于应得风险收益率，说明该投资方案的风险较小，可以进行投资；反之，则拒绝投资。举例如下。

【例6-8】

继续根据甲公司进入新能源领域投资项目的期望收益、标准差率、初始投资额的相关数据，假设甲公司该投资项目的风险价值系数为0.2，无风险报酬率为8%，评价该投资项目的可行性。

（1）计算投资项目的应得风险收益率

风险收益率 $=0.2×46.4\%=9.28\%$

（2）计算预测风险报酬率

预测投资收益率 $=240÷1000=24\%$

预测风险报酬率 $=24\%-8\%=16\%$

（3）对投资方案进行决策

该项目的预测风险报酬率（16%）大于其应得风险收益率（9.28%），说明该投资项目所面临的风险较小，可以进行投资。

第七章

小公司经营时如何做好营运资金管理

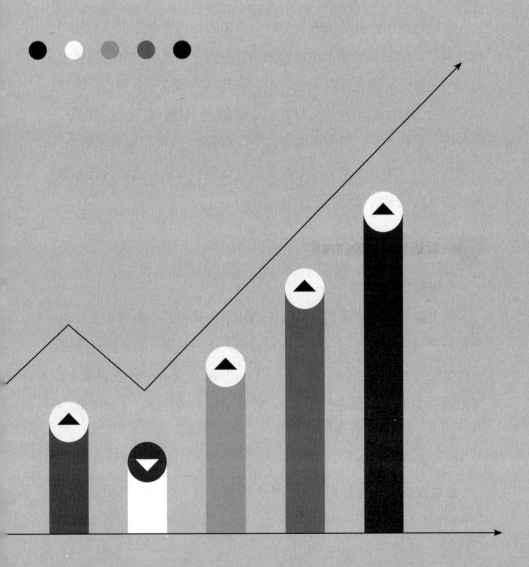

什么是营运资金

 营运资金的概念

广义的营运资金是指流动资产；狭义的营运资金是指流动资产减去流动负债后的余额，也被称为净营运资金，是国内外大多数企业采用的概念。在企业财务报表中，流动资产和流动负债包括的项目有现金、应收账款、存货，以及短期借款、应付账款、应付票据等，这些项目被称为营运资金构成项目。本书选择广义的营运资金概念，因为在第六章中，融资管理是按照流动负债和非流动负债通盘考虑的，本章则只分析流动资产部分的管理。

 营运资金管理的内容

1. 现金管理

现金管理重点体现在资产的流动性上，从企业的角度来说，现金是不产生收益的资产，因此从利润最大化的角度分析，应尽量减少现金的持有量。但小公司由于经营的需要，又不可能不置存现金，那么就需要考虑在满足小公司生产经营需要的条件下，如何降低小公司的现金持有量这一问题。

2. 应收账款管理

应收账款是企业赊销所形成的，赊销涉及小公司的信用问题，应收账款的管理一方面要确定小公司的信用标准和信用政策，另一方面应制定收款政策，加快应收账款的收回速度。

3. 存货管理

存货在小公司流动资产中所占的比例最大，它涉及小公司的供、产、销全过程。存货管理就是要确定用于存货的短期资金是多少，如何筹集这部分资金以及如何使存货占用的成本最小。

现金管理

"现金为王"一直以来都被视为企业资金管理的中心理念。现金的首要特点就是普遍的可接受性，即可以立即用来购买商品、劳务或偿还债务。属于现金的项目包括企业的库存现金、各种形式的银行存款和银行本票、银行汇票。

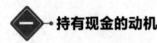

1. 交易动机

交易动机是指小公司为满足生产经营活动中的各种支付需要而持有现金。例如制造行业的公司每月需要购买原材料、支付工资和其他运营成本，那么公司就要保持一定的现金余额，以确保可以及时支付这些开支，确保生产活动正常进行。如果销售量增加，公司则需要更多的现金来支持更大规模的生产和交易。

2. 预防动机

预防动机是指小公司需要保持一定的现金余额以应付意外的现金需求。小公司在生产经营活动中的正常现金需要量可通过资金预测来估算，但许多不可控的因素将会影响和改变小公司的正常现金需要量。小公司在进行资金预测时，要考虑到季节性销售波动、供应链中断以及其他意外事件的可能性。为防范这些风险，小公司要保持额外的现金储备。

3. 投机动机

小公司持有现金的另一个可能的动机是投机，即通过在证券市场上的操作或在原材料市场上的投机买卖来获取投机收益。例如，当小公司预计原材料价格将较大幅度上涨时，可利用手中多余的现金以目前较低的价格购入原材料，使自身少受影响。

二 持有现金的成本

持有现金的成本是指因持有现金而付出的各种代价，具体包括以下几项。

1. 机会成本

机会成本是指因持有现金而丧失的再投资收益，一般可用小公司的投资收益率来表示。假设公司的预期投资收益率为 5%，年平均持有现金 50 万元，则该公司每年持有现金的机会成本为 2.5 万元（50×5%）。机会成本与现金持有量正相关，即现金持有越多，机会成本越高。

2. 管理成本

管理成本是指小公司为因管理现金而发生的管理费用，如管理人员工资而产生的安全措施费等。管理成本具有固定成本的性质，它与现金持有量之间无明显的比例关系。

3. 转换成本

转换成本是指现金与有价证券在转换过程中发生的固定成本，如经纪人佣金、税金以及其他管理成本，一般只与交易的次数有关，而与现金持有量的多少无关。

4. 短缺成本

短缺成本是由于现金不足而导致的损失，例如因无法按时向供应商支付款项而遭受的信用损失，因未能按期缴纳税款而支付滞纳金等。这些成本通常随着现金持有量的减少而增加，即与现金持有量负相关。

三 现金管理的内容

现金管理的目的是保证小公司拥有生产经营所需现金的同时，节约使用现金，并从暂时闲置的现金中获得最多的收益。现金管理的内容包括以下几部分。

1. 最佳现金持有量的确定

从理论上讲，最合理的现金持有量指的是既能使企业因持有现金付出的代价最少，又能满足企业现金需求的最佳持有量，这是现金管理的重点。

常用的确定最佳现金持有量的方法有成本分析模式、存货模式和随机模式。成本分析模式是通过分析持有现金的成本，寻找持有成本最低的现金持有量；存货模式是只考虑持有现金的机会成本和转换成本，将存货经济订货批量模型用于确定目标现金持有量；随机模式是在现金需求量难以预知的情况下，通过借鉴过去的经验和结合现实需求，设定一个现金储备的范围，也就是规定一个最高和最低的现金持有量，以保障公司有足够的现金来应对各种情况。

此处重点阐述成本分析模式的应用。成本分析模式在不考虑转换成本的情况下，按照机会成本、管理成本（常见为固定成本）和短缺成本与现金持有量的关系（见表 7-1），汇总形成持有现金的总成本（总代价）的变化规律（见图 7-1），从而找出最佳现金持有量。

表 7-1 成本分析模式的基本思想

相关成本	与现金持有量的关系	目标
机会成本	正相关	最佳现金持有量是使上述成本之和最小的现金持有量
管理成本	无明显的比例关系	
短缺成本	负相关	

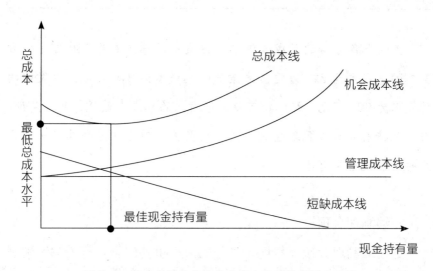

图 7-1 成本分析模式的最佳现金持有量模型示意图

举例如下。

【例 7-1】

假设甲公司有四种现金持有方案，现金持有量分别对应的机会成本、管理成本、短缺成本数据如表 7-2 所示。利用成本分析模式对其进行选择。

表7-2　现金持有方案

单位：万元

项目	方案一	方案二	方案三	方案四
现金持有量	250	350	450	550
机会成本	30	60	90	120
管理成本	200	200	200	200
短缺成本	120	65	25	0

将以上各方案的总成本汇总，方案一的总成本为350万元，方案二的总成本为325万元，方案三的总成本为315万元，方案四的总成本为320万元。经比较可知，方案三的总成本最低，也就是说，当企业持有450万元现金时，总代价最低，对企业最合算，是该企业的最佳现金持有量。

2.编制现金预算

定期编制现金预算是现金管理的又一重要内容。有关编制现金预算的内容将在第八章详细展开阐述，本章不再赘述。

3.现金的日常管理

（1）合理使用现金浮游量。从小公司开出支票，收票人收到支票并交至银行，银行将款项划出小公司账户，中间需要一段时间，在这段时间里合理利用现金，可节约资金。

（2）完善小公司现金管理制度。现金管理制度一般要明确现金管理的规范运作、防范风险、谨慎投资、保值增值等基本原则；要明确公司在进行现金管理时的审议程序和权限规定等内容。

四 · 现金管理效率评价

现金管理效率评价主要通过现金周转期来判断。现金周转期是支付现金与收到现金之间的时期。该指标的计算与经营周期、存货周转期、应收账款周转期和应付账款周转期有关。上述几个指标之间相互关系见图7-2。

经营周期是指从取得存货到销售存货并收回现金为止所经历的天数。

存货周转期是指从收到原材料、进行生产加工、形成库存商品，直至将库存商品出售所经历的天数。

应收账款周转期是指库存商品出售后到收回现金所经历的天数。

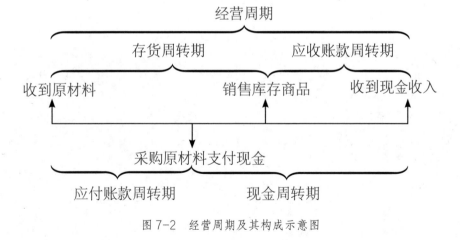

图7-2 经营周期及其构成示意图

也就是说：

经营周期 = 存货周转期 + 应收账款周转期

从另一个角度说，应付账款周转期是指购买原材料延迟付款的时期，因此：

经营周期 = 现金周转期 + 应付账款周转期

那么：

现金周转期 = 存货周转期 + 应收账款周转期 - 应付账款周转期

在计算的时候，先通过存货周转期加上应收账款周转期得到经营周期，然后通过扣除应付账款周转期，计算出现金周转期。

应收账款管理、存货管理将分别在本章的后续内容中进行阐述。

应收账款管理

 应收账款的功能

应收账款的功能主要体现在以下两个方面。

（1）增加销售量。随着小公司所处的经营环境越来越复杂，为了增加销售量，获取更多利润，小公司一般会采取赊销政策，这就需要对应收账款进行投入。

（2）客户关系维护。良好的应收账款管理有助于维护与客户的良好关系。合理的信用政策和灵活的收款条件可以增强客户的满意度，促使客户更积极地与公司合作。

 持有应收账款的成本

1. 管理成本

当小公司持有应收账款时，管理这些账款会带来一系列开支，这就是应收账款的管理成本，主要包括：对顾客信用情况进行调查的费用、收集信息的费用、催收账款的收账费用和账簿的记录费用等。这些管理成本是确保小公司能够有效管理应收账款、减少坏账风险、提高回款效率的重要支出。

2. 机会成本

应收账款虽然带来了销售收入，却并没有带来现金，进而失去

了该笔资金的利息,这部分利息就构成了应收账款的机会成本。其
计算公式为:

$$应收账款的机会成本 = 应收账款资金占用额 \times 资金成本$$

$$= 应收账款平均余额 \times 变动成本率 \times 资金成本$$

$$= 日赊销额 \times 平均收款期 \times 变动成本率 \times 资金成本$$

$$= 年赊销额 /360 \times 平均收款期 \times 变动成本率 \times 资金成本$$

按照银行行业惯例,一年按照 360 天计算,应收账款占用的资
金只会引起变动成本的变化,因此,应收账款平均余额需要乘以变
动成本率。

3. 坏账成本

坏账成本是指由于某种原因导致应收账款不能收回而给小公司
造成的损失,这一成本与应收账款数量成正比。

 制定应收账款管理政策

制定应收账款的管理政策主要是制定应收账款信用政策,包括
信用标准、信用条件、收账政策。

1. 信用标准

信用标准是客户享有商业信用应具备的最低条件,信用标准的
高低直接影响销售收入和销售利润。

一般先设定明确的客户评估标准,以确定客户是否符合小公司
的信用要求,包括客户的信用历史、财务状况、交易历史等方面。

然后确定每个客户的信用额度，即小公司愿意为其提供的最大信用限额，这有助于防止客户透支或无法支付过高的账款。

小公司在确定信用标准时，如果采用较高的信用标准，即仅信用好的客户可享受赊销待遇，其有利影响是：坏账损失减小，以及应收账款的机会成本降低；其不利影响是：小公司将丧失一部分来自信用较差客户的销售收入和销售利润。这就要求小公司要权衡得失，较为准确地针对不同客户制定相应的信用标准。

2.信用条件

信用条件是指小公司允许客户赊销的条件，包括信用期限和现金折扣政策等。

（1）信用期限。指的是小公司为客户规定的最长付款时间，即允许客户从购货到付款之间的时间间隔。信用条件的基本表示方式为"N/20"或"N/30"等，N代表信用期限的天数，"N/20"表示全部款项必须在20日内付清，"N/30"表示全部款项必须在30日内付清。

通常，延长信用期限可以在一定程度上提高销售量，但信用期限过长会使小公司管理成本、机会成本以及坏账成本增加。小公司是否给客户延长信用期限，主要看延长信用期限后增加的销售利润是否超过延长信用期限所增加的成本费用。

（2）现金折扣。指的是小公司为了鼓励客户尽早（在规定的期限内）付款而给予的价格扣减。现金折扣政策包括折扣期限和现金折扣率，如"2/10，N/30"，表示在信用期限为30天的前提下现金折扣期限为10天，即如果客户在10天内付款给予现金折扣，折扣率为2%，即在折扣期内付款可享受2%的折扣。

现金折扣实际上是对现金收入的扣减，小公司决定是否提供以及提供多大程度的现金折扣的依据是提供现金折扣后所得收益是否大于提供现金折扣的成本。在信用条件的优化选择中，现金折扣能降低机会成本、管理成本和坏账成本，同时也要小公司付出一定代价，即现金折扣成本。

将信用期限和现金折扣政策进行综合考虑，信用条件优化的要点是：增加的销售利润能否超过增加的机会成本、管理成本、坏账成本和现金折扣成本之和。

3. 收账政策

收账政策是指小公司向客户收取逾期未付款项的收账策略与措施。收账政策包括确定收账费用和制定催收程序。

小公司无论采用何种方式对拖欠款进行催收，都要付出收账费用。一般来说，随着收账费用的增加，坏账损失会逐渐减少，但收账费用并非越多越好，因为收账费用增加到一定数额后，坏账损失不再减少。投入多少收账费用，需要在权衡增加的收账费用和减少的坏账损失后再做出决定。

制定催收程序，包括催款通知的发送时间、打催收电话的时机等。这有助于及时发现逾期账款，并采取适当的催收措施。如果收账政策过于宽松，会导致逾期未付款的客户拖延更长时间，对小公司不利；如果收账政策过严，催收过急，有可能伤害无意拖欠的客户，影响小公司未来的销售和利润。因此，小公司在制定收账政策时必须十分谨慎，做到宽严适度。

【例 7-2】

甲公司的 A 产品每年销售 8,000 件，单位售价为 0.9 万元，变动成本率为 60%，固定成本为 100 万元。为了提高产品销售量，企业拟订了两个延长信用期限的备选方案，备选方案有关资料如表 7-3 所示。

表 7-3 甲公司延长信用期限备选方案

备选方案	信用条件	增加销售量	资金成本	坏账损失率	收账费率
方案一	N/30	25%	5%	3%	2%
方案二	N/60	35%	5%	4%	3%

甲公司该如何进行信用期限的决策呢？

根据以上资料，计算方法和备选方案比较见表 7-4。

表 7-4 甲公司信用期限备选方案比较

单位：万元

	方案一 (N/30)	方案二 (N/60)	差额
年销售收入	$8,000 \times 0.9 \times (1+25\%)=9,000$	$8,000 \times 0.9 \times (1+35\%)=9,720$	
变动成本	$9,000 \times 60\%=5,400$	$9,720 \times 60\%=5,832$	
贡献毛益	$9,000 \times 40\%=3,600$	$9,720 \times 40\%=3,888$	288
机会成本	$9,000 \div 360 \times 30 \times 60\% \times 5\%=22.5$	$9,720 \div 360 \times 60 \times 60\% \times 5\%=48.6$	
坏账成本	$9,000 \times 3\%=270$	$9,720 \times 4\%=388.8$	
管理成本	$9,000 \times 2\%=180$	$9,720 \times 3\%=291.6$	
应收账款的成本	$22.5+270+180=472.5$	$48.6+388.8+291.6=729$	256.5

进行比较分析时要计算不同备选方案之间的差额，和方案一相比，方案二的贡献毛益增加了 288 万元，应收账款的成本增加了 256.5 万元，收益的增加量超过了成本的增加量，以上计算表明，采用方案二的话，增加的净收益较多，故应采用方案二。

如果甲公司采用方案二，但为了加速应收账款的回收，决定提供现金折扣，将信用条件改为"2/10，1/20，N/30"（方案三），预计有60%的客户可享受2%的折扣，20%的客户可享受1%的折扣，坏账损失率下降到2%，收账费用下降到1%。那么，甲公司该如何决策呢？

根据以上资料，进行如下计算，对信用政策进行比较，见表7-5。

表7-5 甲公司信用政策比较

单位：万元

	方案二 (N/60)	方案三 (2/10，1/20，N/30)	差额
年销售收入	8,000×0.9×(1+35%)=9,720	8,000×0.9×(1+35%)=9,720	
变动成本	9,720×60%=5,832	9,720×60%=5,832	
贡献毛益	9,720×40%=3,888	9,720×40%=3,888	0
机会成本	9,720÷360×60×60%×5%=48.6	9,720÷360×16[①]×60%×5%=12.96	
坏账成本	9,720×4%=388.8	9,720×2%=194.4	
管理成本	9,720×3%=291.6	9,720×1%=97.2	
现金折扣成本		9,720×(60%×2%+20%×1%)=136.08	

---

① 其中：16=60%×10+20%×20+20%×30

	方案二 (N/60)	方案三 (2/10，1/20，N/30)	差额
应收账款的成本	48.6+388.8+291.6=729	12.96+194.4+97.2+136.08=440.64	−288.36

以上计算表明，和方案二相比，方案三贡献毛益不变，但是成本反而下降了 288.36 万元，对企业更为有利，因此可以采用现金折扣的方案三。

四　应收账款管理效率评价

应收账款管理效率评价主要通过应收账款周转期和周转率来判断。应收账款周转期是指从应收账款的形成到实际收回款项的天数，应收账款周转率则表示特定周期（一般为一年）内应收账款完成周转的次数。应收账款周转率指标计算见第二章的表 2-11，应收账款周转率和周转期互为倒数。应收账款周转期如果为周转天数的话，按照行业惯例一年 360 天来算，周转天数等于 360/ 周转率。

应收账款周转期和周转率用来估计应收账款变现的速度和管理的效率。一般认为周转率越高越好，但应收账款周转率太高，意味着应收账款周转天数太短，则表明小公司实施的信用政策比较严格，可能会影响小公司销售量的扩大。

存货管理

存货是指小公司在生产经营过程中为销售或者耗用而储备的资产。存货的被利用程度对小公司财务状况的影响极大。因此，加强存货规划和控制，使存货保持在合理的水平，是财务管理的一项重要内容。

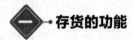

存货的功能是指存货在生产经营过程中的作用，具体表现在以下几个方面。

1. 保证生产经营活动正常进行

在生产过程中，原材料是必需的物质资料。由于分工协作和信息交流不够完善，以及需求存在不确定性，小公司需要储备适量的原材料，以确保生产顺利进行，防止停工待料事件发生，保持生产的连续性。同时，当存货生产不均衡或商品供求波动时，储备的存货可以缓解矛盾，起到平衡生产的作用。简而言之，存货的储备在保障生产运作和应对市场波动方面具有重要作用。

2. 适应市场需求的变化

市场需求的不断变化可能导致小公司面临两种问题：一是市场需求下降，可能导致小公司存货积压；二是市场需求增加，可能导致存货不足。为了应对这些情况，小公司需要适量的原材料、在制品和半成品存货。这样的存货储备不仅是保障正常生产的前提，也是应对市场波动的手段之一。适当储备存货能够增强小公司在生产和销售方面的灵活性，使其更具备适应市场变化的能力。

3.可以降低进货成本

很多小公司为了增加销售量，对购货方提供更有利的商业折扣政策，即购货方购货达到一定数量时，会给其相应的价格优惠。而小公司通常通过批量集中进货，也可获得更多的商业折扣。此外，增加每次购货的数量，减少购货次数，有助于降低采购费用支出。

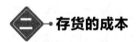

存货的成本

1.取得成本

取得成本指的是为获取某种存货而支出的费用，分为订货成本和购置成本。订货成本包括取得存货订单的费用，其中一部分是与订货次数无关的固定成本，例如常设机构的基本费用；另一部分是与订货次数有关的变动成本，如邮资和差旅费。购置成本则是指存货本身的价值，通常通过存货数量与单价的乘积来确定。

2.储存成本

储存成本是指为保存存货而产生的费用，包括存货占用资金所应计的利息（即机会成本）、仓储成本、保险费用，以及存货破损和变质损失等。储存成本可分为固定成本和变动成本。固定成本如仓库折旧、仓库职工的工资等，与存货数量的多少无关。而变动成本则与存货的数量有关，包括存货资金的应计利息、存货的破损和变质损失、存货的保险费用等。

3.缺货成本

缺货成本是指由于存货供应中断而造成的损失，包括材料供应中断造成的停工损失、产成品库存缺货造成的拖欠发货损失和丧失销售机会的损失等。

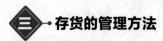 **存货的管理方法**

存货管理的方法有多种，以下介绍经济订货批量模型和 ABC 分析法。

1. 经济订货批量模型

经济订货批量是指能够使一定时期与存货相关的总成本达到最小值时的进货数量。经济订货批量的基本模型需要设立一些假设条件：需求量稳定、不考虑缺货成本，因此，该模型下的相关成本主要指订货成本和储存成本。假设以 1 年为分析期，在存货需要量一定的情况下，其年订货成本总额与订货次数成正比，年储存成本则与年内的平均存货水平成反比，因此，订货成本和储存成本合计形成的总成本存在最低总成本水平，见图 7-3，该订货量即为经济订货批量。

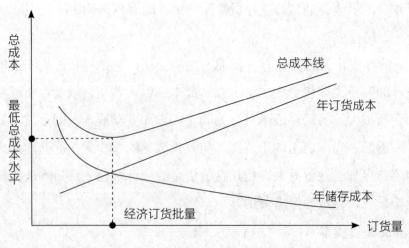

图 7-3　经济订货批量模型示意图

经济订货批量反映了存货的订货成本和储存成本之间的平衡关系，一般而言，遵循了经济订货批量原则的采购活动，可有效降低采购成本，为小公司谋取更多创造利润的条件和空间。

2.存货的 ABC 分析法

ABC 分析法是一种常用于材料物资管理的方法，通过对全部材料物资进行分类，有助于更有针对性地进行控制和管理。该方法将材料物资分为 A、B、C 三类，根据品种数量和实物价值的比重进行划分。

（1）收集数据并计算整理。对存货的特征数值（资金占用额）进行计算，以了解哪些存货占用资金多，以便实行重点管理。对收集的数据进行加工，并按要求进行计算，包括计算特征数值、特征数值占特征总数值的百分比（资金占用额占总资金占用额的比例）、累计百分比、因素数目及其占总因素数目的百分比、累计百分比。

（2）根据一定分类标准列出 ABC 分类表。一般把主要特征值累计百分比达 70%~80% 的若干因素称为 A 类，累计百分比在 10%~20% 区间的若干因素称为 B 类，累计百分比在 10% 左右的若干因素称为 C 类。ABC 分类常见标准见表 7-6。

表 7-6　ABC 分类常见标准

项目	品种比例	主要特征值的累计百分比
A 类	10% 左右	70%~80%
B 类	25% 左右	10%~20%
C 类	65% 左右	10% 左右

（3）绘制 ABC 分析图。以累计因素百分比为横坐标，累计主要特征值百分比为纵坐标，按 ABC 分类表所列示的对应关系，在坐标图上取点并联结各点成曲线，即绘制成 ABC 分析图。除利用直角坐标绘制曲线图外，也可绘制成直方图。通过以上程序，基本上可以确定各种存货的归属类别。

形成 A 类、B 类和 C 类的归属类别后，就抓住管理对象的重点问题进行管理，同时兼顾一般问题，用最少的人力、物力和财力实现最优的经济效益。

四 ▶ 存货管理效率评价

在正常经营活动中，小公司必须维持一定水平的存货。因此对存货的质量和管理效率进行评价也就变得十分重要。衡量存货质量和周转性的常用指标是存货周转期和周转率，存货周转率的计算见第二章的表 2-12。和应收账款的计算思路类似，周转期和周转率互为倒数。

存货的一次周转历经购入存货、投入生产、销售收回资金等环节，存货周转率则表示小公司一年内存货完成周转的次数。一般来说，存货周转率高则说明销售好，在存货上占用的营运资金的金额也会越少。但存货周转率高，也说明存货占用资金较少，这种情况对供应商的供货能力以及对物流的要求也高，小公司的管理层需要对此进行关注并提前预判。

第八章

小公司经营时如何做好预算管理

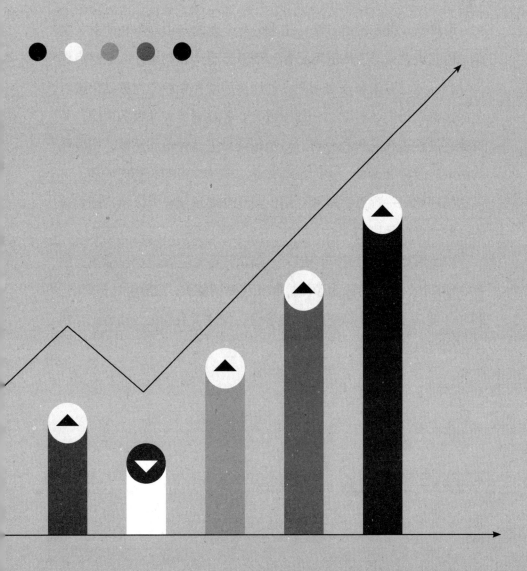

预算管理的逻辑流程

预算是一种系统的方法，用来分配企业的各项财务和非财务资源，以实现企业既定的战略目标。预算管理①是指企业以战略目标为导向，通过对未来一定期间内的经营活动和相应的财务结果进行全面预测和筹划，科学、合理配置企业各项财务和非财务资源，并对执行过程进行监督和分析，对执行结果进行评价和反馈，指导经营活动的改善和调整，进而推动企业实现战略目标的管理活动。可以这样理解——预算是资源分配，预算管理是预算得以执行和实现的一整套管理手段。

按照预算和预算管理的定义，预算管理的逻辑流程包括预算编制、预算执行（又可分为预算控制和预算调整）、预算考核等环节。图 8-1 厘清了预算管理的目标和流程，构建了系统化、动态化、制度化的预算管理内容。

---

① 管理会计应用指引第 200 号——预算管理。

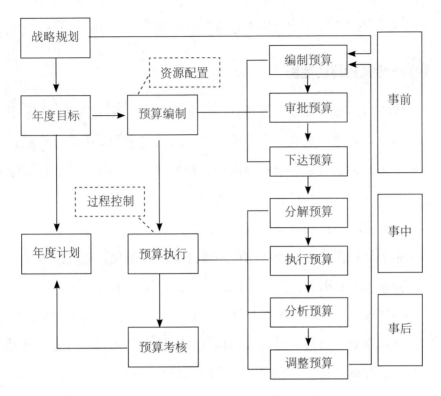

图 8-1　预算管理流程图

其中，预算编制是指企业根据一定的规划和目标，制定出一个特定时期内的资金支出计划。预算执行一般按照预算控制、预算调整等程序进行。预算编制完成后，企业进行预算执行。这一阶段涉及预算的实际执行和监控。预算控制是通过对实际经营数据与预算数据进行比较，及时发现偏差并采取措施进行调整。预算调整是一个灵活的过程，根据市场变化、内外部环境的变动，企业可以对预算进行灵活调整，确保预算目标的实现。预算考核主要针对定量指标进行考核，是企业绩效考核的重要组成部分。预算考核是对整个预算管理过程的回顾和总结，通过对预算执行情况的评估（很多企业也和绩效考核合并在一起），为下一轮预算编制提供参考。

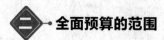 **全面预算的范围**

传统的预算一般指财务预算，财务预算由财务部门完成，采用会计与核算思维，将所有会计科目的计划数确定下来后进行汇总，按照报表的编制方法，最终得出预算期的利润表、资产负债表和现金流量表的具体预测结果，这一整套的财务计划表格，是按照资金的收入项目和支出项目分别填列。

那么全面预算是一个什么样的概念呢？全面预算集经营预算、专门决策预算和财务预算于一体，是综合性预算体系。

经营预算是基础，主要包括与企业日常业务直接相关的销售预算、生产预算、直接材料及采购预算、直接人工预算、制造费用预算、产品成本预算、销售预算及管理预算等，其中销售预算又是业务预算的编制起点。

专门决策预算是指企业为那些在预算期内不经常发生的、一次性业务活动所编制的预算，例如与固定资产决策有关的资本支出预算等。

财务预算主要反映企业预算期现金收支、经营成果和财务状况的各项预算，包括现金预算、预计利润表和预计资产负债表，财务预算是根据经营预算和专门决策预算而编制的，是整个预算体系的主体，可以作为企业的业绩评价标准，因为它考虑了企业的总体情况、历史数据和未来发展，是对企业预算期间经营情况比较客观的预测。而且，财务预算采用的形式与财务报表形式相似，便于对比、分析实际经营情况的优劣。

可以看出，全面预算是由企业高层主导，财务部门通力配合，各经营与管理单元全面合作，共同完成的一项工作。

 小公司实施全面财务预算管理的策略

小公司由于规模不大，通常注重产品的制造生产，有的小公司并没有预算编制制度，有的小公司虽然编制了预算，但预算编制并不是很科学。下面说说小公司实施全面财务预算管理的策略。

（一）构建全面预算管理体制的合理机制

全面预算管理体制包括全面预算管理决策机构、工作机构和执行单位三个层次的基本架构。

小公司可以自行设立实行全面预算的决策机构，预算的决策部门可以是小公司的相关管理层，对小公司的预算做出统筹管理，并制定计划。在预算决策部门设立专门的管理人员，可以是小公司的经营者，也可以聘请专职的管理人员。

成立专门的预算工作机构，并且有专门的监管人员，以便随时对预算工作机构进行监管。其中，参与预算的人员不应该只是传统形式下由财会机构执行、由财务人员操作，而应该由多个级别、多个部门、内部员工共同参与执行。通过决策机构的指导，再由预算部门制定全面的预算计划，统筹兼顾。开展工作时，预算执行与预算目标相结合，由人力、供应、财务、生产等多个部门人员共同执行，做到利益与责任相结合，所有人员目标统一。

在良好的预算结构框架下，小公司再进一步规定执行细则，责任到人，设定具体目标，定期优化预算流程。小公司根据自身条件，对不兼容的部门分别布置任务，使其在预算管理中担任不同的职务，设置程序，明确预算的编制、执行、分析、调整等环节，将工作内容细化，有效执行管理细则。

（二）构建全面的预算编制体系

小公司在编制预算的过程中应该采用全方位的结构进行编制，构建全面且连接性较好的编制体系，其简化版见图8-2。

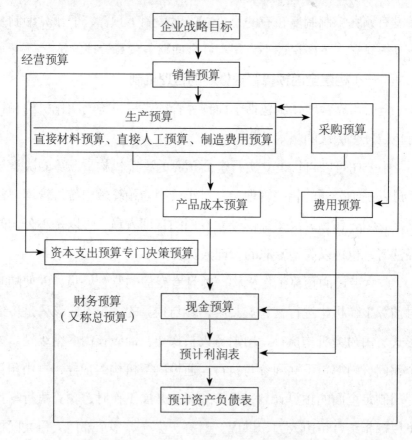

图 8-2　全面预算体系简化版

由图8-2可以看出，财务预算、经营预算、专门决策预算共同构成了全面的预算体系，为决策提供了全面而有力的支持。

　　全面预算管理就是以全面预算为基础的一种管理模式。在战略和目标框架下，编制全面预算是全面预算管理的起点或基础。本章的第二节和第三节将分别阐述预算编制方法和具体预算的编制。

预算编制方法

 预算编制方法分类

预算编制方法的分类见表 8-1，小公司可根据其战略规划和目标、业务特点以及管理需要，结合不同工具、方法的特征及适用范围，选择恰当的方法。

表 8-1　预算编制方法的分类

分类标准	分类	
预算编制基础	固定预算	弹性预算
编制成本费用	增量预算	零基预算
预算期是否连续	定期预算	滚动预算

传统的预算编制方法往往采用固定预算、增量预算及定期预算。固定预算属于静态的预算，是在预算期间内，以某一特定的业务量为基础进行编制的预算；增量预算是以上一期的实际情况为基础，根据当期的或有变化，调整后形成的预算；定期预算，则是指按照固定的预算期编制的预算。

本书重点阐述固定预算的编制，然后分别举例说明弹性预算、零基预算和滚动预算的编制。

固定预算

一般情况下，对不随业务量变化的固定成本，多采用固定预算方法编制预算。一些业务量水平较为稳定的小公司在编制预算时也可采用固定预算方法，举例说明如下。

【例 8-1】

甲公司的 A 产品因为销售量较为稳定，按固定预算方法编制销售预算，预计 2024 年销售产品 1 万件，单位售价为 1,000 元，产品单位变动成本 700 元，固定成本总额 280 万元。则该公司 A 产品的销售预算编制见表 8-2。

表 8-2 A 产品销售预算表

单位：万元

项目	固定预算
销售收入	10,000,000.00
单位售价	1,000.00
单位变动成本	700.00
单位贡献毛益	300.00
贡献毛益	3,000,000.00
固定成本	2,800,000.00
销售利润	200,000.00

显然，固定预算编制方法具有简便易行的优点，但当实际业务量和预算的预计业务量差异较大时，预算指标和预算结果会失去可

比性，不利于预算控制和考核。

【例 8-2】

假设执行期间，实价销售 A 产品 1.2 万件。甲公司在其他条件不变的情况下，编制表 8-3 所示的销售预算分析表。

表 8-3　A 产品销售预算分析表

单位：万元

项目	固定预算	实际金额	差异额
销售收入	10,000,000.00	12,000,000.00	+2,000,000.00
单价	1,000.00	1,000.00	
单位变动成本	700.00	700.00	
单位贡献毛益	300.00	300.00	
贡献毛益	3,000,000.00	3,600,000.00	+600,000.00
固定成本	2,800,000.00	2,800,000.00	
销售利润	200,000.00	800,000.00	+600,000.00

通过表 8-3 可以看出，不同时期下的同一企业或同一时期下的不同企业因具体情况不同，应在固定预算的基础上，考虑采用弹性预算、零基预算、滚动预算等多种方法组合编制预算。

 **三　弹性预算**

相对于传统预算中固定预算的不足，为了应对环境的不确定性，产生了弹性预算。弹性预算是指企业在分析业务量与预算项目之间

数量依存关系的基础上，分别确定不同业务量及与其相对应的预算项目所耗资源，进而形成企业整体预算的预算编制方法。弹性预算适用于在市场、产能等方面存在较大不确定性的企业。

业务量划分的标准既可以是销量、产量，也可以是工时、耗材或工资等。业务量范围的划定，通常可划定为正常产量的70%～110%，或结合以往生产实际，取历史最低和最高值分别作为下限与上限。举例说明如下。

【例8-3】

甲公司销售B产品的单位售价为2,000元；产品单位变动成本1470元，其中：直接材料1,100元、直接人工300元、变动性制造费用50元、变动性销售与管理费用20元；固定成本总额12万元，其中固定性制造费用9万元、固定性销售与管理费用3万元。业务量选择销售量，预计销售量为2～2.4万件。B产品的成本与利润弹性预算见表8-4。

表8-4 甲公司B产品成本与利润弹性预算表

预计销售量（件）	20,000.00	22,000.00	24,000.00
预计销售收入（元）	40,000,000.00	44,000,000.00	48,000,000.00
减：变动成本（元）	29,400,000.00	32,340,000.00	35,280,000.00
其中：直接材料	22,000,000.00	24,200,000.00	26,400,000.00
直接人工	6,000,000.00	6,600,000.00	7,200,000.00
变动性制造费用	1,000,000.00	1,100,000.00	1,200,000.00
变动性销售与管理费用	400,000.00	440,000.00	480,000.00
贡献毛益（元）	10,600,000.00	11,660,000.00	12,720,000.00

续表

减:固定成本(元)	120,000.00	120,000.00	120,000.00
其中:固定性制造费用(元)	90,000.00	90,000.00	90,000.00
固定性销售与管理费用(元)	30,000.00	30,000.00	30,000.00
销售利润(元)	10,480,000.00	11,540,000.00	12,600,000.00

四 零基预算

针对传统预算中增量预算的不足,为了摆脱历史数据的约束和影响,产生了零基预算。零基预算是指不考虑历史期预算及实际经济活动的项目及金额,以零为起点,一切从实际需要和可能出发,分析预算期经济活动的合理性,进而在综合平衡的基础上形成企业整体预算的预算编制方法。以零为起点编制预算,就剔除了历史期经济活动中的不合理因素。举例如下。

【例 8-4】

假设甲公司用零基预算方法编制 2024 年预算。销售与管理部门的费用预算总额为 240 万元,部门对费用的预测为 300 万元(见表 8-5)。广告费与培训费的成本效益情况:广告费支出 1 万元可获得 60 万元收益、培训费支出 1 万元可获得 40 万元收益。

表 8-5 甲公司销售与管理部门费用预测表

单位:万元

项目	金额
销售人员工资	100
广告费	80
差旅费	40

项目	金额
办公费	20
保险费	20
培训费	10
销售佣金	30
合计	300

编制销售与管理部门零基预算见表 8-6。

经分析，广告费 80 万元和培训费 10 万元属于可避免的酌量性费用。在表 8-5 中，各项预测中除广告费和培训费外，其他费用不可避免，则不可避免费用为 300-80-10=210（万元）。销售与管理部门的费用预算总额为 240 万元，则预算中可避免项目金额为 240-210=30 万元。将这部分资金在广告费与培训费之间进行"成本—效益分析"，分配后即可得出项目预算。

广告费预算额 =30×[60÷（40+60）]=18（万元）

培训费预算额 =30×[40÷（40+60）]=12（万元）

表 8-6　甲公司销售与管理部门零基预算表

单位：万元

项目	金额
销售人员工资	100
广告费	18
差旅费	40
办公费	20

续表

项目	金额
保险费	20
培训费	12
销售佣金	30
合计	240

五 滚动预算

针对传统预算中定期预算的不足，为了解决预算过时问题，产生了滚动预算。滚动预算是指企业根据上一期预算执行情况和新的预测结果，按既定的预算编制周期和滚动频率，对原有的预算方案进行调整和补充，逐期滚动、持续推进的预算编制方法。通过持续滚动地编制预算，有效指导生产经营，强化预算的决策与控制职能。

【例 8-5】

假设甲公司按季编制滚动预算。对于 C 产品，2024 年第一季度和第二季度的销售单价为每吨 1 万元，第一季度和第二季度的销售量分别为 2,000 吨、2,400 吨，第三季度起单价为每吨 1.1 万元，第三季度和第四季度的销售量分别为 2,200 吨、2,600 吨；预计 2025 年第一季度的销售量为 2,800 吨。编制收入滚动预算见表 8-7 和表 8-8。

表 8-7 甲公司 C 产品收入滚动预算表（第一期）

项目	2024 年			
	第一季度	第二季度	第三季度	第四季度
销售数量（吨）	2,000	2,400	2,200	2,600

项目	2024 年			
	第一季度	第二季度	第三季度	第四季度
销售单价 (万元 / 吨)	1.00	1.00	1.10	1.10
销售收入 (万元)	2,000.00	2,400.00	2,420.00	2,860.00

表 8-8　甲公司 C 产品收入滚动预算表（第二期）

项目	2024 年			2025 年
	第二季度	第三季度	第四季度	第一季度
销售数量 (吨)	2,400	2,200	2,600	2,800
销售单价 (万元 / 吨)	1.00	1.10	1.10	1.10
销售收入 (万元)	2,400.00	2,420.00	2,860.00	3,080.00

第三节 具体预算的编制

编制经营预算

1. 编制销售预算

销售预算是在销售预测的基础上，根据小公司年度目标利润确定的预计销售量、销售单价和销售收入等参数编制的预算。在销定产的经营思想指导下，销售预算是经营预算的起点，其他预算均以销售预算为基础。用到的公式如下：

某产品的预计销售收入 = 该产品的预计单价 × 该产品的预计销售量

预算期现金收入 = 预算期现销收入 + 前期应收账款收回

其中，预算期现金收入主要为编制现金预算提供必要的资料。

【例 8-6】

对表 8-2 的销售数据进行分解，假设甲公司 A 产品预计 2024 年度各季销售量分别为 2,000 件、2,400 件、2,600 件、3,000 件，预计单价为 0.1 万元。每季度销售收入的 55% 于当季收到现金，45% 于下一季度收到现金，此外，年初应收账款为 100 万元。根据以上资料编制销售预算，如表 8-9 所示。

表 8-9 2024 年度销售预算表

摘要		第一季度	第二季度	第三季度	第四季度	全年
预计销售量 (件)		2,000	2,400	2,600	3,000	10,000
预计单价 (万元)		0.1	0.1	0.1	0.1	0.1
预计销售收入 (万元)		200	240	260	300	1,000
预计现金收入 (万元)	应收账款 (年初)	100				100
	第一季度销售收入	110	90			200
	第二季度销售收入		132	108		240
	第三季度销售收入			143	117	260
	第四季度销售收入				165	165
现金收入合计 (万元)		210	222	251	282	965

2. 编制生产预算

销售预算确定以后，可以根据预计销售量编制生产预算，这是一个从销售环节反推到生产环节的过程。生产预算是根据预算期内的产品生产活动规划，确定预算期内产品生产的实际数量及结存情况而编制的预算。在编制生产预算时需要注意的是，生产量、销售量和期末存货量之间的比例关系，以避免储备不足、产销脱节或超储积压等。按照记账的规则，某个时期的期末存货和下期的期初存货相等，此外，用到的公式如下：

预计生产量＝预计销售量＋预算期期末存货量－预算期期初存货量

【例 8-7】

假设甲公司 A 产品各季度的期末存货量按下季度销售量的 20% 计算，预算期（2024 年）末存货量为 650 件，预算期内甲产品每季季初存货与其上季度的季末存货数量相同，预算期初存货数量为 600 件。根据有关资料编制的该公司 2024 年度的生产预算如表 8-10 所示。

表 8-10　2024 年度生产预算

单位：件

摘要	第一季度	第二季度	第三季度	第四季度	全年
预计销售量 (见表 8-9)	2,000	2,400	2,600	3,000	10,000
加：预算期期末存货量	480	520	600	650	650
减：预算期期初存货量	600	480	520	600	600
预计生产量	1,880	2,440	2,680	3,050	10,050

3. 编制采购预算

编制生产预算以后，就可按具体生产安排编制直接材料采购预算，这是一个从生产环节反推到采购环节的过程。编制直接材料采购预算要以生产预算为主要依据。在编制采购预算时，需要注意材料的采购量、耗用量和库存量之间的比例关系，以避免材料供应不足或超储积压。用到的公式如下：

材料预计采购量＝预算期预计生产需要量＋预算期期末预计材

料库存量 - 预算期期初预计材料库存量

同样，材料采购预算通常还包括预算期间与材料采购相关的预计现金支出，这些现金支出也为编制"现金预算"提供必要资料。

4. 编制直接人工预算

直接人工预算也是以生产预算为基础进行编制的，该预算额一般通过计算预计的直接人工工时和单位工时所产生的工资计算得到。对于生产单位产品所需的直接人工工时，可根据历史资料或规定的劳动定额资料进行预算。如果生产中有多种直接人工工种，应先按工种类别分别计算，然后进行汇总。

5. 编制制造费用预算

制造费用预算一般按变动成本法编制，指的是除直接材料和直接人工以外的其他一切生产费用的预算。在编制制造费用预算时，将全部制造费用分为变动性制造费用和固定性制造费用，变动性制造费用以生产预算为基础进行编制，固定性制造费用需要逐项进行预计。然后确定变动性制造费用分配率标准，以便将其在各产品间进行分配；固定性制造费用的预算总额作为期间成本。用到的公式如下：

变动性制造费用预算分配率 = 变动性制造费用预算总额 ÷ 分配标准预算总额

式中分配标准预算总额可在生产预算或直接人工预算中选择，在多品种条件下，如果按后者进行分配，那么某产品的预计变动性制造费用为：

某产品的预计变动性制造费用 = 该产品的直接人工预算额 × 变动性制造费用分配率

需要说明的是，制造费用中，绝大部分须在当期用现金支付，但也有一部分是以前年度已经支付的，如折旧，需要根据实际情况做出调整。

预计需用现金支付的制造费用＝预计制造费用－折旧

6. 产品生产成本预算

产品生产成本预算是在生产预算、直接材料采购预算、直接人工预算和制造费用预算的基础上编制的，通常反映的是各产品单位生产成本与总成本。

7. 销售及管理费用预算

销售及管理费用预算是指在预算期内不属于制造业务范围、在销售业务和日常管理活动中发生的各项费用的预算，也称营业费用预算。其分类类似于制造费用，需要区分变动费用和固定费用两部分。

对于采购预算、直接人工预算、制造费用预算、产品生产成本预算、销售及管理费用预算，本书不再举例说明。

预算编制时，预算出的各项成本、费用开支其实就是一些目标成本，小公司要尽可能将成本控制在这些目标成本之下，做好成本管控工作。

三 编制专门决策预算

专门决策预算通常包括资本支出预算、筹资预算等投融资预算。资本预算是预算期内进行资本性投资活动而编制的预算，主要包括固定资产投资预算、权益性资本投资预算和债券投资预算。筹资预算是小公司在预算期内需要新借入的长短期借款、经批准发行的债券以及对原有借款、债券还本付息的预算，主要依据小公司有关资金需求的决策资料、发行债券审批文件、期初借款余额及利率等进行编制。

1. 资本支出预算

资本支出预算是一项综合性的工程，一般由以下六个步骤组成：①确定决策目标；②提出各种可选择的方案；③估算各种投资方案预期的现金流量；④估计预期现金流量的风险程度；⑤根据择优标准，对各种投资方案进行比较后择优；⑥项目实施后，要不断进行评估和控制。

资本支出预算是对上述步骤在未来期间做一个全面考虑，并把相应指标量化，考虑了资金时间价值的决策指标，主要指标为净现值，这部分内容在第六章已经阐述。

2. 筹资预算

筹资预算有助于改善投资决策，筹资预算的步骤如下。

（1）进行销售预测。财务预测的起点是销售预测。在全面预算体系中，除了生产经营预算、资本预算以销售预算为基础外，筹资预算也是以销售预算为基础的。

（2）估计所需要的资产。资产是销售量的函数，可以根据历史数据得出该函数关系，然后根据销售预算结果中的预计销售量预测所需资产总量。同时，某些流动负债也是销售量的函数，也可以预测销售增长所带来的负债的自发增长。负债的自发增长可以减少外部筹资的数额。

（3）估计收入、费用和保留盈余。假设收入和费用是销售量的函数，可以根据销售量预测值估计收入和费用，并确定净收益。净收益和小公司股利支付率共同决定了小公司保留盈余所能提供的内部筹资额。

（4）估计所需的外部筹资额。预计资产总量减去已有的资金来源、负债的自发增长和内部提供的资金来源，便可得出外部筹资额的需求量。

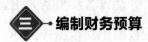 **编制财务预算**

财务预算是各项经营预算和资本支出预算、筹资预算等专门决策预算的汇总，这也是财务预算被称为"总预算"的原因。与之相对应，其他预算被称为"分预算"。下面分别看看财务预算编制的思路。

1. 编制现金预算

现金预算是用来反映在预算期内现金流转状况的预算。现金预算由以下四部分组成：现金收入、现金支出、现金盈余或不足、资金的筹集与运用，用到的公式如下：

期初现金余额＋本期现金收入＝现金收入合计（表示本期可动用现金数）

现金收入合计－现金支出合计＝现金余缺（现金余缺可以是正数，也可以是负数）

现金余缺＋向银行借款－偿还银行借款－利息支付＝期末现金余额

本部分预算编制思路不列示金额，只列示资料来源，见表8-11。

甲公司根据销售预算、直接材料预算、直接人工预算和制造费用预算等资料，编制甲公司2024年度现金预算的思路如表8-11所示。

表 8-11　甲公司 2024 年度现金预算编制思路

项目	第一季度	第二季度	第三季度	第四季度	全年	资料来源
期初现金余额						上一期期末
加：现金收入						
收回应收账款及销售收入						销售预算
现金收入合计						计算得到
减：现金支出						
直接材料						直接材料预算
直接人工						直接人工预算
制造费用						制造费用预算
销售及管理费用						销售及管理费用预算
现金支出合计						计算得到
现金余缺						计算得到
资金筹措及运用：						
向银行借款						筹资预算
偿还银行借款						筹资预算
支付利息						筹资预算
期末现金余额						计算得到

如果甲公司 2024 年度有固定资产投资计划的话，再将资本支出预算的数据加进表 8-11 即可。

2. 编制预计利润表

预计利润表是以货币为单位，全面综合地表现预算期内经营成果的利润计划。预计利润表的编制是在小公司全部经营预算及现金预算完成后进行的。该表既可以按季编制，亦可按年编制。

在前面对于甲公司的举例中，只考虑了 A 产品，实际上，小公司往往会进行多品种生产和经营，各经营预算中需要包含不同的产品预算结果，然后根据汇总的数据编制预计利润表。本部分不计算金额，只列示资料来源，以明确财务预算和经营预算在数量方面的勾稽关系，见表 8-12。

表 8-12　2024 年预计利润表编制思路

项目	金额	资料来源
销售收入		销售预算
减：产品销售成本（变动成本）		产品生产成本预算
变动性销售及管理费用		销售及管理费用预算
贡献毛益		计算得到
减：固定性制造费用		制造费用预算
固定性销售及管理费用		销售及管理费用预算
财务费用		筹资预算
利润总额		计算得到

3. 编制预计资产负债表

预计资产负债表是小公司预测期末财务状况的综合性工具。它以期初的资产负债表为基础，结合现金预算、预计利润表等相关资料，通过分析各项资产、负债和权益在预算期末的余额，进行计算和填列。